Osez l'audace !

Aurélien Essertel

Osez l'audace !

carnetsnord

12, villa Cœur-de-Vey, 75014 Paris
www.carnetsnord.fr
ISBN : 978-2-35536-227-9

Il n'est jamais offert d'étincelle
de vie sans qu'il soit possible
de vivre une vie extraordinaire.

AVANT-PROPOS

La sortie est à l'intérieur...

Sentez-vous parfois que votre vie ne vous satisfait pas pleinement ? Que quelque chose ne tourne pas rond ? Que vous aimeriez que « ça » change, sans trop savoir quoi ?

Le vague à l'âme vous a-t-il déjà envahi comme une présence lancinante alors qu'à l'extérieur vous sembliez tout avoir pour être heureux ?

Vous est-il même arrivé de vous retrouver piégé dans une loi des séries, enchaînant problèmes et déconvenues sans en voir la fin ?

Que cela soit flottant, légèrement désagréable ou franchement inconfortable, en famille, dans votre travail, avec les autres, avez-vous déjà ressenti un mal-être ?

Est-ce que cela vous a empêché de vous sentir pleinement vivant ? Heureux ?

Si c'est le cas, vous avez probablement eu le réflexe, comme chacun, de chercher les responsables de votre malheur. Et vous n'avez pas manqué d'en trouver dans votre entourage. Des personnes désagréables, qui vous empêchent de vous épanouir, vous mettent des bâtons dans les roues, vous manipulent, brident votre inspiration... Vous pouvez continuer la liste, je suis certain que vous en trouverez d'autres.

En les identifiant, vous avez probablement râlé, en secret ou en direct, essayé de les changer, de vous débarrasser d'eux, de leur faire prendre conscience de leurs méfaits... Or, est-ce que la sensation de vide intérieur et d'inconfort a disparu ? Non, pas vraiment. Résistant, ce mal-être.

Si l'on ne peut pas changer les autres, on peut en revanche travailler sur soi-même. Métamorphoser son monde intérieur afin de devenir capable de porter un regard neuf sur sa vie.

Vous avez donc envie que ça change, du dedans. Mais, tout à coup, vous vous sentez démuni. Par où commencer ? Comment s'y prendre pour se sentir vivant, pour sortir de cet inconfort, de cet état intérieur oppressant ? Vous voulez changer, mais pour quoi faire ? Pour aller où ? Et puis, qu'est-ce que ça implique, au juste, de changer ?

INTRODUCTION

Un jour, ma compagne me demande : « Saurais-tu dire quand tu es devenu audacieux, toi ? » Quand on parle d'audace à longueur de journée en essayant de transmettre cette approche à d'autres, on pourrait s'attendre à connaître la réponse à cette question. Pour certains, les moments de basculement se font de manière claire. Quel a donc été le mien ? J'ai beau chercher dans mes souvenirs, rien n'apparaît avec évidence.

Pendant un instant, j'ai l'impression que j'ai toujours été audacieux : je me sens à l'aise avec les autres, je n'ai pas de difficulté à prendre la parole en public, à jouer avec la vie, à la taquiner, bien au contraire ! Jeune homme, je côtoyais volontiers le danger. Cette audace m'a amené à quitter un emploi de manière théâtrale quand je me suis aperçu qu'il ne me faisait plus vibrer malgré un joli salaire. Elle m'a permis de tout recommencer à zéro le cœur en joie et la tête pleine d'idées et de projets de nouveaux mondes. Elle m'a amené à quitter la ville et à m'installer à la campagne, alors que j'avais toujours été un fidèle du bitume. Ou encore à acheter une maison en ruines pour la rénover alors que mes dons de bricoleur frôlaient le zéro et que mes capacités financières n'allaient pas chercher loin.

Mais je crois que l'audace qui fait sens pour moi se trouve ailleurs. Elle est composée de milliers de petits pas, tous discrets, faisant leur œuvre de l'intérieur. En me transformant, ils me permettent d'évoluer et me donnent les moyens d'agir dans le monde en accord avec l'être que je suis.

Je fais partie de ces gens qui croient que chaque chose a sa raison d'être et arrive au moment opportun. Ce qui nous manque souvent, c'est la vue d'ensemble nous permettant de comprendre le sens de ce qui arrive. Le mal-être, avec tous ses désagréments, pourrait de prime abord sembler inutile, et nous pourrions vouloir nous en débarrasser. Mais avant de le mettre sur le banc des accusés, je vous invite à faire un pas en arrière pour vous poser une question : à quoi peut donc servir cet inconfort ?

Si vous dépassez les réponses telles que « à me faire mal » et « à me gâcher la vie », pour aller plus en profondeur, vous découvrirez que les sensations désagréables qui le caractérisent sont autant de cris de détresse pour vous indiquer que quelque chose ne va pas.

Tout comme votre corps vous enjoint par une vive douleur d'ôter la main du feu, de même, depuis votre monde intérieur, quelqu'un vous lance des signaux d'alerte par des sensations de mal-être pour vous indiquer que vous faites fausse route. Dans le premier cas, c'est votre système nerveux qui transmet à votre main l'information traitée par le cerveau. Dans le second cas, c'est votre élan de vie qui vous envoie le message.

L'élan de vie, c'est la part profonde et immuable qui vous invite à devenir la meilleure version de vous-même. C'est le mouvement qui vous pousse à vous mettre en chemin pour vous rapprocher de la personne que vous êtes vraiment.

L'élan de vie essaie par tous les moyens de vous ramener à votre essence véritable, au-delà de tout ce que vous croyez être, pour vous permettre de contacter ce qui perdure en vous : l'Être.

L'élan de vie utilise tous les moyens possibles pour vous inviter à faire du ménage dans le superflu afin d'aller à la rencontre de l'essentiel. Il utilise la voie des rêves, la voie de l'inspiration par le beau, le juste, le vrai, et quand vous faites la sourde oreille, car vous vous égarez en chemin, il vous lance des appels au secours par le biais du mal-être et de toutes sortes de sensations inconfortables.

Alors si, vous aussi, vous êtes sujet à un mal-être intermittent ou tenace, sachez que c'est une bonne nouvelle ! Vous recevez un appel en ligne directe depuis les profondeurs de votre être vous invitant à vous connecter à ce qu'il y a de plus splendide et durable en vous.

Si vous avez déjà côtoyé des enfants, vous avez certainement été témoin d'une grosse colère assortie de hurlements et de gesticulations. Certains les appellent des caprices. Lorsque vous décidez d'ignorer l'enfant, l'expression de sa colère a tendance à décupler. Même chose si vous vous agitez dans tous les sens en criant à votre tour ou en essayant de le raisonner. À partir du moment où vous vous posez quelques instants près de lui pour essayer d'écouter son émotion – seulement ça ! – quelque chose s'ouvre. Comme un chemin où il y a de l'espace pour du nouveau. Une respiration dans le chaos. Tout simplement parce que vous avez pris le temps de vous arrêter et de vous mettre à l'écoute. Rien de plus.

Revenons à l'appel en provenance de votre élan vital. Que diriez-vous de vous arrêter quelques instants, juste pour écouter le téléphone intérieur sonner ? La sonnerie est peut-être désagréable, stridente. Peut-être que c'est angoissant de ne pas savoir qui est à l'autre bout du fil. Écoutez cette sonnerie. Elle peut se présenter à vous comme un sentiment de désarroi, sous la forme d'une boule dans le ventre, un chat coincé dans la gorge ou une enclume posée sur la poitrine. Peut-être qu'elle gratte, qu'elle pique, qu'elle vous tire les larmes des yeux. Chacun a sa propre sonnerie. Il est important de savoir la reconnaître. Et de prendre le temps de l'entendre. C'est déjà un grand pas pour créer une détente intérieure. L'appel est entendu. Maintenant… oserez-vous décrocher ?

L'utilisation du verbe *oser* n'est pas anodine dans ce contexte. Pour décrocher l'appel, il faut être audacieux.

Car l'audace est ici entendue comme « la qualité de l'âme qui incite à accomplir des actions difficiles, à prendre des risques pour réussir une entreprise considérée comme impossible[1] ». Il n'est pas naturel ni aisé de s'approcher du mal-être pour écouter le message qu'il veut nous transmettre. La réaction normale est de vouloir s'en débarrasser au plus vite. Il faut donc accomplir une action difficile pour entreprendre le chemin vers l'élan vital.

Mais l'audace n'est pas réservée aux têtes brûlées. Elle fait partie du capital de chacun. C'est le bras droit de votre élan vital. Laissez la sonnerie de côté et permettez à votre part audacieuse de se manifester en vous. Appelez-la en renfort. Sentez-vous la force qui se déploie aussitôt ? Si vous osez dire oui à cet appel, vous vous engagerez dans l'entreprise la plus significative de votre vie. Cette aventure, telle la quête d'un héros, vous mènera sur des terrains inconnus, où vous côtoierez de nouvelles personnes et ferez face à des épreuves jusqu'alors insoupçonnées.

Je l'ai souvent vérifié au cours des différents ateliers et aventures que je propose au sein du projet que j'ai initié, Les Audacieux. Un de ces ateliers s'intitule « Le Dragon du jour ». Les participants rassemblés dans un lieu, souvent au centre d'une ville, reçoivent une série

1. Définition du Centre national de ressources textuelles et lexicales (http://www.cnrtl.fr/definition/audace).

de défis à réaliser au cours de la journée. À première vue, on pourrait croire que ce ne sont que des épreuves pour nous inviter à sortir de notre zone de confort. Mais lorsque j'en explique le sens profond et ce que ces épreuves peuvent nous enseigner dans notre quotidien, elles prennent une tout autre dimension. Et les participants finissent la journée en ayant expérimenté et ressenti, pas seulement mentalement, que la vie que nous menons peut être abordée comme une aventure héroïque dont nous sommes le héros. Ils découvrent la puissance et la beauté de cette audace intérieure qui, lorsqu'elle est reflétée à l'extérieur, permet de goûter au bonheur d'un quotidien passionnant et d'un voyage intérieur riche d'enseignements.

Ce livre a pour vocation de vous offrir les vivres et connaissances suffisantes pour vous préparer à faire ce voyage intérieur. Cela vous servira tout au long de votre aventure.

Tout d'abord, vous comprendrez quels sont les mécanismes qui vous régissent au quotidien, souvent même à votre insu, et qui vous maintiennent dans un état d'inconfort, loin de votre plein potentiel, loin de ce qui vous fait vibrer. Cet ouvrage en dresse une cartographie afin que vous arriviez à les identifier. Car il est toujours plus aisé de savoir comment sortir d'un endroit (bien qu'il soit intérieur) si on connaît ses frontières, son contenu et son mode d'emploi.

Une fois familiarisé avec votre situation actuelle, vous découvrirez qu'il y a d'autres espaces intérieurs (et extérieurs) qui attendent d'être explorés... Vous apprendrez à écouter votre élan de vie pour vous aventurer plus loin, pour découvrir de nouveaux territoires et vous y rendre intelligemment afin de réaliser vos rêves. Vous serez également averti des éventuels désagréments que vous pourrez rencontrer en vous éloignant des sentiers battus. Vous saurez à quoi vous pourrez vous attendre de la part de vos proches, et de vous-même, si vous osez prendre des risques. Vous découvrirez vos alliés et vos ennemis, vos atouts et vos faiblesses, et les défis que vous devrez relever.

Et vous saurez, à la fin de ce livre, comment entreprendre ce chemin vers vous-même. Pas à pas, progressivement, pour devenir la personne que vous n'avez jamais osé être jusqu'à ce jour.

Ce guide fera jaillir en vous l'audace intérieure dont vous avez besoin pour débuter votre aventure. Car le chemin de l'audace n'attend qu'une chose : que vous le fouliez à votre tour, de vos propres pas.

Vous entendez l'appel de l'aventure ?
Allons-y !

PREMIÈRE PARTIE

Osez… explorer votre monde intérieur

Dans cette partie, vous découvrirez les mécanismes qui vous régissent et vous empêchent de vous ouvrir à une vie pleine d'audace et de sens.

Nous aimerions tous changer ! Vivre une vie plus belle, plus heureuse. Si nous cherchons bien, nous avons tous en tête des images d'une vie parfaite, celle que nous ne vivons pas. Nombreuses sont les raisons et les justifications. Les regrets aussi.

Nourris quotidiennement par des publicités, séries et personnages aux vies réussies et aux sourires radieux, nous nous faisons une idée de ce qu'il nous faudrait pour être heureux. Sans en avoir conscience, nous dressons une longue liste de choses à faire ou de biens à acquérir pour nous sentir, enfin, mieux. Nous croyons souvent que les conditions extérieures vont nous apporter le bien-être auquel nous aspirons. « Si j'arrive à gagner plus d'argent, je pourrai m'acheter le bateau dont je rêve et je serai heureux. » « Si je conquiers ce bel homme, je pourrai fonder la famille idéale et m'épanouir. » « Si j'attends que les enfants soient grands, je pourrai enfin quitter cet homme et être libre. » « Si je gagne au Loto, je ferai le tour du monde. » Nous nous employons avec acharnement à la poursuite de ces rêves dépendants de conditions précises.

Sauf que… Sauf que si vous avez déjà réussi à gagner plus d'argent, à acheter le bateau de vos rêves, à conquérir le mari ou à le quitter, vous avez certainement réalisé que la prophétie de bonheur durable n'a pas tenu ses promesses. Vous avez sans doute été ivre de joie en réalisant votre projet, mais combien de temps cette ivresse a-t-elle duré avant que d'autres soucis viennent frapper à votre porte ? Petit à petit, le mal-être est revenu à la charge.

Pourquoi tant d'acharnement ? Tout simplement parce que l'obtention de conditions de bien-être extérieur ne peut pas nous satisfaire durablement. Car cela ne vient pas transformer l'endroit où se trouvent toutes les clés pour accéder au bien-être auquel nous aspirons : notre monde intérieur.

Comment être sûr que les conditions intérieures sont en lien direct avec notre bonheur – ou notre malheur – et ne sont pas juste le résultat de conditions extérieures favorables ou défavorables ?

Afin de le vérifier par vous-même, je vous invite à faire appel à vos souvenirs : vous est-il déjà arrivé de vous retrouver en vacances dans un bel endroit ensoleillé, entouré d'êtres chers et de vous y ennuyer ou de vous sentir malheureux, ou même, très seul ? Toutes les conditions étaient réunies pour être heureux. Mais le cœur n'y était pas.

Maintenant, essayez de vous rappeler une situation où tout semblait aller mal, les difficultés vous assaillant les unes après les autres. Et malgré toutes ces entraves, vous étiez content, vous vous sentiez léger et prêt à rire ?

Si vous avez répondu oui à l'un ou l'autre de ces deux cas de figure, c'est que vous avez déjà compris que la manière dont vous expérimentez les événements dépend de votre état d'esprit. Très bien ! S'il s'agit de travailler sur votre monde intérieur, vous avez en permanence la matière première sur vous. C'est idéal. Mais par où commencer ? Comment l'approcher ?

Dans cette première partie, vous trouverez une approche pratique de ce qui se joue à l'intérieur de vous et des mécanismes qui sont à l'œuvre, souvent à votre insu, vous empêchant d'accéder à ce que vous désirez le plus.

1. La zone de confort : un périmètre rassurant

À la découverte de la zone de confort

Depuis la nuit des temps, les humains ont été confrontés à toutes sortes de dangers, mettant en péril leur survie. Afin d'y faire face, il leur a fallu mettre en place des stratégies pour affronter ces dangers, et si possible les surmonter. De la chasse au mammouth à la conquête du territoire de l'ennemi, chaque groupe déploya des techniques pour faire face au péril, découvrir de nouvelles frontières, préserver et faire prospérer le clan. Mais pour être en mesure de réussir ces missions, il leur a fallu aussi disposer d'un endroit sécurisant où pouvoir se reposer, se nourrir, élever ses petits, à l'abri de la menace. Les humains, tout comme les animaux, ont toujours évolué entre ces deux espaces bien définis.

Psychologiquement, nous avons conservé ce mécanisme de survie et la mémoire ancestrale du besoin de sécurité. Nous délimitons notre environnement pour pouvoir traverser la vie de manière sereine. L'espace délimité et contenant dans lequel nous évoluons en terrain connu se nomme la zone de confort. C'est notre réponse individuelle à la recherche d'un endroit où le stress est réduit et le confort augmenté. C'est notre base : nous y reprenons des forces avant d'affronter le monde et ses dangers. Il est très important de la découvrir et de savoir comment nous y vivons afin de pouvoir analyser ce que nous y avons placé. Ainsi que ce qui peut se trouver à l'extérieur.

Topographie de la zone de confort

Vous vous demandez peut-être à quoi ressemble cette zone ? Comment l'identifier et où se trouvent ses contours ?

Pour avoir une esquisse du contenu de la zone de confort, commencez par énumérer la liste des choses que vous faites au quotidien, les personnes que vous fréquentez, les pensées qui vous reviennent souvent en tête, vos gestes, vos attitudes, vos réponses programmées, vos achats, vos manies. Vous allez sans doute vous retrouver avec une liste interminable d'actions, petites et grandes, qui meublent votre quotidien et vous rassurent. Elles se déroulent à chaque instant de votre vie et dans tous les environnements que vous fréquentez chaque jour : chez vous, au travail, sur la route, chez vos amis, à l'école, chez le médecin, au salon de coiffure, etc.

Comme l'a montré Abraham Maslow[1] avec sa fameuse pyramide, dans la vie quotidienne, nous évoluons à l'intérieur de notre zone de confort quand nous satisfaisons de manière connue et habituelle nos différents besoins, des plus simples aux plus élaborés. Nous maîtrisons les formes que nous avons mises en place pour combler ces besoins par le biais de la routine et de sa cohorte d'habitudes quotidiennes. Quand nous évoluons dans notre zone de confort, nous sommes à l'aise et en possession de nos moyens et, de ce fait, nous éprouvons peu d'angoisse et de stress.

> Et vous, quelle est la représentation mentale que vous vous faites de votre zone de confort ? Est-ce plutôt un carré, un cercle, une bulle, une maison ? Vous paraît-elle suffisamment rassurante et bien constituée ?
> Vous nourrit-elle convenablement sur tous les plans ? Arrivez-vous à combler vos aspirations en y séjournant ? Quelle est votre relation avec votre zone de confort ?

Comme cette zone délimite un dedans et un dehors, vous pouvez savoir où vous vous situez en fonction du degré de stress et d'intensité que vous éprouvez lorsque

1. Psychologue américain, initiateur, avec Carl Rogers, d'une psychologie humaniste. Il est notamment connu pour son explication de la motivation par la hiérarchie des besoins, souvent représentée sous la forme d'une pyramide des besoins.

vous vivez un événement. Quand vous faites les choses automatiquement, sans vous poser de questions et que votre niveau de stress est imperceptible, vous êtes à coup sûr en plein milieu de votre zone de confort, là où tout est connu et maîtrisé.

Lorsque survient un événement nouveau qui vous bouscule, auquel vous ne savez pas faire face et que votre niveau de stress et d'angoisse est élevé, vous frôlez alors les contours de votre zone de confort et vous vous aventurez en terrain inconnu. C'est comme si tous les signaux retentissaient pour vous crier « alerte rouge ! ». Vous pouvez sentir des changements dans votre corps. Par exemple, des palpitations, des sueurs, des tremblements. Vous pouvez aussi vous sentir agité, nerveux, inquiet.

En réalité, ces sensations qui accompagnent le stress sont l'information que vous donne votre cerveau pour vous prévenir d'une situation à laquelle vous n'êtes pas habitué et qui pourrait donc s'avérer dangereuse. Bien qu'ils soient inconfortables, ces signes intérieurs sont de précieux alliés, car non seulement ils indiquent que vous faites face à un événement inconnu, mais ils vous préparent à affronter le danger. Votre corps, ainsi tendu et parcouru d'adrénaline, est prêt à déguerpir ou bien à affronter le péril. Si vous vous retrouviez devant un chacal affamé ou un essaim de guêpes en colère, vous verriez tout de suite l'intérêt de ces réactions corporelles et émotionnelles. Nos dangers actuels sont souvent moins spectaculaires mais notre réponse automatique n'en reste pas moins adaptée, même si nous la souhaiterions souvent plus discrète et moins envahissante.

En terrain inconnu, la réaction classique est d'essayer de rétablir au plus vite l'équilibre en revenant au centre de la zone de confort pour y retrouver nos moyens et notre sentiment de sécurité. C'est naturel.

Ainsi, dans notre vie, nous naviguons le plus souvent au sein de notre zone de confort, réalisant avec aisance nos tâches quotidiennes grâce à la routine. Mais, par moments, quand une situation nouvelle se présente, les signaux d'alarme s'allument, nous avertissant d'un potentiel danger. Si la zone de confort a la fonction clé de nous structurer et nous rassurer, elle comporte aussi des défauts.

Tout d'abord, la zone de confort peut se transformer en une prison dorée. Lorsque votre vie se déroule correctement et que vous avez satisfait vos besoins manifestes, vous risquez de passer en mode automatique en évitant soigneusement les contours de votre zone de confort, vous coupant ainsi de la possibilité de faire des découvertes ainsi que de l'élan de vie qui cherche le sens et le dépassement personnel.

Comment savoir si vous êtes atteint du syndrome de la cage dorée ? Il suffit que vous vous demandiez si vous avez l'impression d'être dans un « mode cotonneux » où les choses perdent de leur saveur, semblent même dénuées d'intérêt, mais sont tellement rassurantes que vous n'avez pas envie de quitter votre cocon douillet. « Surtout, que rien ne bouge » pourrait être la devise de cet état mi-léthargique, mi-ennuyeux.

Aussi dorée soit-elle, la cage sous-entend un enfermement qui empêche de prendre sa vie en main et d'expérimenter sa liberté. Cet état peut tuer dans l'œuf la plus petite velléité de changement en la sacrifiant sur l'autel d'un confort faussement rassurant.

En quoi est-ce embêtant ? Imaginez le nombre de découvertes, d'aventures et d'innovations qui n'auraient jamais vu le jour si leurs auteurs étaient restés tranquillement dans leur zone de confort.

Et vous dans tout ça ? Peut-être ne vous sentez-vous pas l'âme d'un chercheur, d'un conquérant ou d'un génie, mais si vous êtes concerné par le syndrome de la cage dorée, imaginez de combien de belles choses vous êtes en train de vous priver et de priver le monde, en regardant passer votre vie.

La bonne nouvelle, c'est que la porte de cette prison n'est pas fermée à clé et que vous possédez en vous l'énergie pour vous aventurer dehors !

Second défaut : contrairement à ce que son nom indique, la zone de confort peut s'avérer inconfortable. Dans votre zone de confort, vous pouvez expérimenter quotidiennement l'ennui, la lassitude, les disputes dans le couple, les non-dits dans la famille, l'ambiance pesante au travail... Vous pouvez même vivre dans un cadre de violence et de grande souffrance. Si c'est votre lot quotidien, une situation à laquelle vous êtes habitué, vous vous trouvez dans votre zone de confort. Cela paraît étrange, car cela peut être très douloureux, mais comme vous en connaissez parfaitement le fonctionnement, cela fait partie de votre zone de confort. Même si les personnes de votre entourage constatent les difficultés que vous vivez et trouvent que vous auriez intérêt à en sortir, la tendance à l'immobilisme prévaut souvent car il est effrayant d'envisager de quitter le terrain connu. La maxime « mieux vaut un mal connu qu'un bien qui reste à connaître » illustre parfaitement cette propension à vouloir maintenir le statu quo, coûte que coûte, malgré les souffrances que celui-ci peut occasionner.

Hors de la zone de confort : la zone de mystère

Mais qu'y a-t-il donc en dehors de la zone de confort qui nous inquiète et nous fascine tant ? Certains la qualifient de zone inconnue, d'autres de zone de mystère ou bien de zone de tous les possibles ou encore, de zone de magie. C'est qu'il y a un peu de tout cela en dehors de notre zone de confort.

De nos jours, nous n'allons plus explorer de nouveaux continents, et la conquête spatiale n'est pas donnée à tout le monde. Néanmoins, en dehors des sentiers battus de nos habitudes, existe une sorte de nébuleuse qu'on ne saurait nommer et qui reste un terrain inconnu, désirable et effrayant, où cohabitent tous nos fantasmes. Pourquoi tant de mystère ? Tout simplement parce que l'extérieur de la zone de confort comprend tout ce qui sort de notre cadre de référence. En règle générale, il est naturel de se méfier de ce que nous ne connaissons pas, mais nous pouvons aussi nous sentir très attirés par l'inconnu. Ce paradoxe s'explique très bien. Nous avons enregistré dans chacune de nos cellules la mémoire des deux mouvements nécessaires à notre survie. Le mouvement de retrait, pour se reposer, se replier ou se défendre, et le mouvement d'ouverture pour aller à la découverte du monde et se nourrir sur tous les plans. Ces deux élans – expire et inspire – permettent la vie et l'entretiennent. Mais parfois, l'hésitation devant cette alternative – s'engager ou se retirer – peut créer une tension intérieure qui n'est pas toujours aisée à vivre.

D'un côté, la culture et notre éducation nous invitent souvent à rester sur nos acquis et à ne pas nous mettre en péril. Les sciences, les organisations sociales, la technologie, tout converge pour préserver un espace sécurisé, renforcer notre sentiment de sécurité et arriver à l'objectif « risque zéro ». Regardez la quantité d'assurances qui nous sont proposées pour tout, les lois sur l'hygiène et la qualité touchant chaque domaine de notre vie. Nous sommes encadrés dès notre plus jeune âge par les adultes pour ne pas nous faire mal. Certaines écoles bannissent même les bacs à sable car ils sont considérés désormais comme une source potentielle de maladies infectieuses. Nous recherchons l'accès à un confort maximum pour nous préserver du stress et du danger.

En effet, oser prendre des risques et essuyer un éventuel revers ne fait pas partie de notre culture. Cette crainte de l'échec peut inhiber notre audace et nous empêcher de réaliser nos projets.

D'un autre côté, nous avons tout de même des rêves, plus ou moins secrets, à propos de ce que nous souhaiterions faire, être ou devenir. Je ne parle pas des rêves que les médias ont instillés dans nos esprits – ceux-là ne nous appartiennent pas –, mais des rêves qui, quand on se connecte à eux, nous font vibrer car ils incarnent nos potentiels et la meilleure version de nous-même. Ils sont la voix de notre élan vital.

Si vous ne comprenez pas de quoi je veux parler, je vous invite à prendre quelques instants pour vous poser, fermer les yeux, respirer profondément et, une fois que vous serez bien détendu, vous poser la question : « Comment est-ce que je rêverais de vivre ma vie ? » Puis : « Comment est-ce que je serais, dans la meilleure version de moi-même ? »

Laissez les images venir à vous. Ce n'est pas un exercice qui fait appel à votre capacité de réflexion, mais plutôt un exercice de lâcher-prise dans lequel vous vous donnez l'opportunité de laisser émerger ce qui fait sens pour vous, depuis les profondeurs de votre être, sans émettre ni commentaire ni jugement.

À chaque fois que vous referez cet exercice – et je vous invite à le faire aussi souvent que possible – vous renforcerez le lien qui vous unit à votre rêve de vie. Lors de votre traversée pour l'atteindre, ce lien sera un précieux fil d'Ariane. Il vous permettra de retrouver votre chemin à chaque fois que vous vous égarerez.

Prenez note de ce rêve, pourquoi pas sur un cahier spécialement dédié à votre parcours vers vous-même. Il s'affinera avec le temps tout en restant ce phare capable de vous guider.

Pour avancer sur votre chemin, vous allez devoir, tôt ou tard, sortir de ce que vous connaissez, car vos rêves se situent en dehors de votre zone de confort.

Malheureusement, nous avons été formés pour être de bons citoyens, de bons pères et mères de famille, de bons enfants, de bons employés ou chefs d'entreprise, mais nous n'avons pas été entraînés à devenir de bons rêveurs. Or, les rêves expriment la force de vie qui nous habite et l'élan de notre cœur. Ils nous invitent à nous dépasser, à aller au-delà de ce que nous maîtrisons pour expérimenter quelque chose de nouveau, en lien avec ce qui nous fait vibrer. Lorsque nous sommes dépassés par le mal-être et que nous sommes en perte de sens, rêver permet de nous connecter à une vision et à un avenir meilleur. N'ayant pas été outillés pour cultiver et prendre soin de nos rêves, il ne nous est pas toujours aisé de les identifier clairement. Qu'est ce qui nous empêche de franchir le cap et de suivre le mouvement inné d'ouverture ?

Peut-être ne vous sentez-vous pas concerné par ces rêves, tellement ils vous semblent inatteignables. Personne ne vous a jamais fourni un mode d'emploi pour apprendre à les réaliser. « Ça n'arrive qu'à certains élus », croyez-vous peut-être. Pourtant, ces aspirations pleines de sens vous concernent et sont à votre portée. Le premier pas pour les intégrer dans votre vie est de permettre à l'affirmation suivante de faire son chemin dans votre esprit :

Mes rêves me concernent.
Ils n'attendent plus que moi et ils sont à ma portée.

Relisez cette phrase. Laissez-la s'épanouir en vous et observez les sensations qui se font jour. Chaque fois que vous serez découragé, repensez à cette phrase. Vous avez la mémoire courte ? Placardez-la sur votre frigo et mettez-la en rappel quotidien sur votre smartphone. Faites ce qu'il faut pour cultiver cette certitude car elle vous permettra de rester en lien avec vos aspirations profondes, même si vous ne savez pas encore exactement de quoi elles sont faites.

2. Notre mental : ce turbo infatigable

À moins que vous ne viviez sur une île déserte depuis plus de vingt ans, vous avez sûrement entendu parler de la méditation, ou peut-être même la pratiquez-vous. Ces dernières années, nous voyons se développer des outils et pratiques qui permettent de méditer en dissociant la méditation de la religion. Ces pratiques nous invitent à vivre le moment présent ainsi qu'à apaiser notre mental. Encore faut-il identifier ce fameux mental.

Le mental est cette voix qui nous souffle à longueur de journée toutes les choses qu'il nous faut faire, penser et dire. Il lui arrive d'être un peu désagréable car il ne cesse de parler et radote souvent. En revanche, il sait très bien faire en sorte que nous nous sentions en sécurité. Il cherche toujours à limiter les imprévus en nous soufflant de bons conseils pour que notre vie soit réglée comme du papier à musique. La routine, c'est le maître mot de notre mental. Il adore ça.

Ce mental est très préparé. Il s'est formé depuis notre naissance afin d'identifier ce qu'il fallait et ce qu'il ne fallait pas faire. Ce qui était bienvenu et ce qui était à proscrire dans notre environnement, avec nos proches. Il a, par exemple, bien intégré les fonctionnements de nos parents. Il a intériorisé leur manière d'agir, de voir la vie, leurs croyances, leurs interdits et leurs encouragements. Les enseignants qui se sont succédé lui ont bien montré le chemin, lui ont dit ce qu'il fallait faire, dire et être. Puis il a appris un peu partout, autour de lui, avec les expériences de la vie aussi. Au fur et à mesure que l'on grandit, le mental devient expert dans la résolution de problèmes : à chaque situation correspond une réponse type. Une bonne petite voix, intarissable et fidèle au poste, ce mental.

Notre mental passe le plus clair de son temps à juger ce qui est bien et ce qui n'est pas bien pour nous et pour les autres. Il nous tient au courant en permanence de ce que nous aimons et de ce que nous n'aimons pas. « J'aime bien jouer avec les enfants », « je n'aime pas l'attitude de cette personne », « j'adore la soupe de ma grand-mère », « je déteste les embouteillages », « je l'aime bien, lui », « il est moche, ce pull », « je ne veux plus de ça », « je veux encore plein de ça », et ainsi de suite.

Il est également spécialiste des comparaisons. Il s'en sert pour nous aider à nous repérer, à faire le tri entre ce qui « est bon » et ce qui « n'est pas bon ». Et il s'inspire énormément des autres pour nous aider à nous définir et à construire notre image de nous-même.

Un jour, quand j'étais en classe de cinquième, je m'entendis dire pour la première fois – par une fille, qui plus est – que je ressemblais à Tom Cruise. Mon mental, qui aime bien se sentir flatté, laissa cette pensée s'immiscer entre lui et moi. Très vite, il intériorisa ce commentaire et m'amena à abonder dans ce sens, en essayant d'imiter du mieux possible le look de l'acteur. Je me sentais bien, dans la peau de Tom Cruise. Mon mental était aux anges car il avait trouvé réconfort et assurance dans cette peau-là.

Il est aussi important de savoir qu'avec notre mental, c'est régulièrement *Retour vers le futur*. Souvent, il nous ramène au passé, pour nous faire ressasser ce qui n'allait pas ou au contraire pour enjoliver ce qui fut, contrairement à ce qui est aujourd'hui ou à ce qui aurait pu être. Parfois il nous conduit dans le futur pour essayer de prévoir ou contrôler ce qui sera. Il a besoin de tous ces allers-retours pour nous rassurer, tenter de préserver l'ordre et nous garder en lieu sûr, dans notre zone de confort.

Et vous, avez-vous déjà repéré la voix de votre mental ? Laissez-moi vous la présenter. Vous vous entendez peut-être dire : « Oui, je suis d'accord avec la description du mental. » Ou bien : « Non, ce n'est pas exactement ça le mental. Pour moi le mental serait plutôt… » Eh bien, c'est lui ! Celui qui se questionne, c'est votre mental !

Certains l'appellent le hamster, d'autres le singe. Peu importe le nom et la définition que vous lui donnerez. Il ne s'agit pas non plus de le blâmer, simplement de savoir le reconnaître. Il n'est ni bon, ni mauvais, il fait simplement partie de vous-même.

La voix qui juge tout

Ce mental qui gambade dans votre tête émet des pensées en permanence. Avez-vous déjà remarqué le monologue qui se déroule sans cesse à votre insu ? Prenez le temps de faire une pause et d'écouter son discours. Arrivez-vous à trouver le bouton « off » de ce commentateur hors pair ?

Notre mental critique, compare, spécule, fabule, émet des jugements, se plaint, aime ceci, déteste cela et, surtout, ne fait pas de pause... Une de ses habitudes est de focaliser son attention sur un passé proche ou lointain ou bien sur ce qui pourrait advenir, en projetant de possibles situations futures. Quand notre mental s'emballe, il imagine que les choses tournent mal et envisage des résultats négatifs en me servant des films angoissants. Quand ses commentaires sont en lien avec la situation du moment, il interprète ce qui se passe en fonction de ce qui fut vécu dans le passé. Ce fonctionnement est dû à son conditionnement, qui est le fruit de notre histoire personnelle et de l'héritage social et culturel dans lequel nous avons baigné.

De ce fait, tout ce que nous vivons dans le présent, notre mental le voit, le traduit et le juge à travers les yeux du passé, en déformant la situation actuelle et ses potentiels d'évolution. Il arrive ainsi que le mental devienne le pire ennemi de son hôte, incarnant un bourreau qui attaque et qui punit en permanence, le privant de toute connexion à son élan vital.

Ce mental, devenu tyran, peut être à l'origine de nombreux malheurs et maladies, qu'elles soient somatiques ou psychiques. En effet, si notre mental n'est pas un minimum maîtrisé, il peut créer un manque de cohérence entre nos aspirations profondes et la vie du quotidien qu'il nous dicte de maintenir. C'est cette dysharmonie, cette incohérence entre ce à quoi l'on aspire, ce que l'on pense, ce que l'on dit et ce que l'on vit qui fabrique en nous des contradictions. Celles-ci se transforment en tensions. Et si cela perdure, ces tensions peuvent trouver à s'exprimer à travers notre corps. C'est un signal pour que l'on recrée une harmonie entre le corps et l'esprit. Aussi il est fréquent que l'on tombe malade lorsque notre mental n'est pas mis au service de notre vie et de nos aspirations profondes. D'où l'intérêt de partir à la découverte de ces maux (mots) qui méritent d'être questionnés, afin de voir si la maladie est une « mal-à-dit » !

Le grand souci, avec ce mental, c'est qu'il a une fâcheuse tendance à nous faire croire que nous sommes ce que nous ne sommes pas. Si quelqu'un vous demande de vous décrire, vous répondrez probablement que vous êtes un homme ou une femme ; que vous êtes employé, dirigeant, chômeur ou autre ; que vous êtes propriétaire ou locataire ; que vous êtes imposable ou pas, etc. Le mental nous fait nous identifier à nos possessions, à notre corps, à notre profession, à notre famille, à notre culture, à notre pays, à tout, sauf à notre élan vital, qui est ce qui nous définit vraiment. Eh oui, qui aurait l'idée de répondre juste : « je suis » ?

Cette confusion entraîne beaucoup de dégâts, car pour « être », nous passons notre vie à courir derrière ce qui nous semble le plus désirable et bon pour nous. Pour certains, « être » passe par l'obtention de titres et de diplômes, pour d'autres par le gain d'argent, pour d'autres encore, par une quête amoureuse sans fin. Quels que soient nos accomplissements, le mental reste insatisfait, il en veut plus. Courir plus pour être plus ! Courir plus, de peur de disparaître. Cette course folle est épuisante...

Le stock des croyances limitantes

Les croyances sont des pensées personnelles dont nous avons l'intime conviction qu'elles sont vraies. Elles concernent le monde qui nous entoure, les autres et nous-mêmes.

Depuis le premier instant de notre vie et jusqu'au dernier, nous interagissons avec notre environnement. L'éducation que nous recevons, la culture et l'ensemble de nos vécus nous façonnent, construisant notre représentation du monde. Nous sommes influencés par les croyances familiales et sociales, par certaines expériences à fort impact émotionnel et par la répétition de situations qui peuvent nous amener à généraliser. L'ensemble de ces éléments et leurs interactions bâtissent nos croyances. Certaines sont bénéfiques et nous influencent de manière positive dans nos choix et notre manière d'être au monde ; d'autres, au contraire, sont limitantes, nous inhibent et bloquent notre potentiel.

Pour reconnaître nos croyances qui nous influencent positivement de celles que nous limitent, il suffit de regarder les conséquences de ces croyances sur nos vies. Par exemple, si j'ai la croyance que je ne serai jamais un bon bricoleur parce que je n'ai jamais été élevé au sein d'une famille de bricoleurs, il y a de fortes chances que mon mental trouve toutes les preuves et tous les signes qui lui feront valider cette croyance. Chacun de mes élans vers le bricolage tournera inévitablement en fiasco car, comme toutes pratiques, cela demande du temps et de la persévérance pour acquérir une certaine maîtrise. Ma croyance me fera baisser les bras à chaque fois que je tenterai de bricoler.

Cependant, si j'ai décidé de cultiver la croyance selon laquelle chacun peut, à force de travail, de persévérance et de volonté, devenir bricoleur, mon mental se mettra en marche pour valider cette croyance. Il se donnera les moyens de ne pas baisser les bras aux premiers échecs et focalisera son attention sur toutes les preuves d'évolution dans ma maîtrise de l'art du bricolage.

Afin de mieux contrôler le monde qui nous entoure, notre mental cherche constamment à confirmer nos croyances en trouvant des preuves de leur véracité. Par exemple, si dans votre lot de croyances se trouve « essayer quelque chose de nouveau, c'est dangereux » ou encore « je n'ai pas le droit à l'erreur », votre mental sera à l'affût de toutes les situations qui reflètent ces affirmations.

Les croyances ont une incidence profonde sur votre vie car elles influencent vos actes quotidiens, vos décisions, vos avis et vos choix. Elles jouent un rôle essentiel dans vos stratégies d'adaptation personnelles et dans vos comportements. Vous êtes, à un certain niveau, mû par vos croyances, bien que vous estimiez faire vos choix en pleine conscience et liberté.

Lorsque vous entreprenez le voyage vers une vie remplie de sens, il est nécessaire de savoir quelles sont les croyances que vous emportez dans votre sac à dos, car elles ne manqueront pas de se présenter sur le chemin pour mettre à l'épreuve votre détermination ou au contraire vous soutenir dans votre élan vers vous-même.

Pour faire émerger ces croyances et pouvoir ainsi les (re)connaître, je vous invite à prendre quelques instants. Pensez au plus beau rêve que vous souhaitez accomplir. Imaginez-vous que vous l'avez déjà réalisé, ici et maintenant. Utilisez tous vos sens pour vivre en détail l'expérience de ce rêve. Que voyez-vous ? Que ressentez-vous ? Qu'entendez-vous ?
Ensuite, lorsque vous aurez pu apprécier ce doux moment, écrivez sur un papier tout ce que vous avez pu vivre. Quel est le niveau d'enthousiasme que vous auriez si vous viviez ce rêve ?
Maintenant répondez à ces questions :
— Allez-vous réaliser ce rêve dans votre vie ?
— Si oui, qu'est-ce qui contribuera à la réalisation de ce rêve ? Êtes-vous en mesure d'obtenir ces choses ? (Exemple : il me faut du courage, de la persévérance, de la confiance, des ressources financières, des compétences techniques, tel diplôme, etc.)
— Si non, qu'est-ce qui fait qu'il n'est pas possible de réaliser ce rêve dans votre vie ? (Exemple : je n'ai pas les moyens, je n'ai pas le temps, je suis trop vieux, je suis trop jeune, etc.)
Si vous faites l'exercice en faisant preuve d'une grande honnêteté avec vous-même, vous pourrez facilement mettre en lumière les croyances bénéfiques et les croyances limitantes, car les deux coexistent en nous.

Avez-vous décelé des idées telles que « c'est trop dur, je n'y arriverai jamais », « je n'ai pas le temps, l'argent, l'énergie, l'expérience nécessaires pour le faire », « c'est bien beau de rêver, mais ça n'a rien à voir avec ma réalité », « peut-être plus tard, mais là ce n'est pas le moment » et autres opinions de ce type ?

En portant une attention particulière à nos croyances limitantes, qui sont des freins à la réalisation de nos rêves et de nos objectifs, on peut s'apercevoir qu'elles s'imposent à nous de manière convaincante. Elles prennent de la place et font beaucoup de bruit pour se faire entendre. Elles sont à connaître car elles représentent de puissants freins à l'écoute de l'élan vital qui lui, s'exprime souvent de manière plus discrète, comme un chuchotement.

Le mental, qui vous veut du bien, colporte ces croyances limitantes et vous les resservira à chaque fois que vous vivrez une épreuve pendant votre quête – car je vous le dis dès maintenant, vous allez en traverser, c'est normal ! Vous entendrez probablement un « Tu vois ? Je te l'avais bien dit... » afin de vous dissuader de retourner hors de votre zone de confort.

Le premier pas pour déjouer les tentatives de sabotage des croyances limitantes est de savoir qu'elles sont là. Nous en avons tous ! Apprenez à voir comment elles se manifestent en vous, quelles sont les opinions de votre mental sur vous et votre environnement. Si vous prenez le temps de les connaître, vous ne serez pas pris de court lorsqu'elles se manifesteront sur votre chemin, et vous aurez plus de marge de manœuvre pour les contourner. Puis, peu à peu, pour les modifier.

Les pièges à débusquer

Votre mental a pour mission de vous maintenir en sécurité. Pour lui, tout ce qui sort de l'ordinaire ou de ce qu'il estime être bénéfique pour vous est à éviter. Sortir de la zone de confort ne fait pas partie de ses plans, car cela rime potentiellement avec danger. Afin d'assurer sa mission, il déploiera des trésors de ruse pour vous détourner de vos intentions premières. Un conseil : ne négligez pas ses capacités et ne doutez jamais de sa présence, même si à certains moments il se fait discret. Je vous assure qu'il est là, il attend, il observe et il cherche toujours le meilleur moyen pour vous ramener au bercail. Prenez garde à cela !

Lorsque vous décidez de réaliser un rêve, d'obtenir un objet désiré de longue date ou simplement d'atteindre un objectif ponctuel, il est naturel de mettre en place les stratégies adéquates pour y parvenir, en développant des compétences, par exemple. Certains passeront par des livres, d'autres par des stages, des conférences ou par un accompagnement. Pendant cette phase de découverte des possibles, certains se sentiront enfin reconnus, d'autres seront inspirés et pour beaucoup la sensation d'avoir compris des choses sera très enthousiasmante. Le mental, qui regarde tout cela attentivement, vous laisse frapper à ces portes, expérimenter une forme d'exaltation et accéder à des compréhensions profondes. Lorsque le livre est fini ou que le stage s'achève, un puissant sentiment de force et de joie s'installe. Vous vous sentez prêt à tout changer. Vous rayonnez, vous flottez, presque ! Les autres le remarquent aussi. Puis vient le quotidien et le « retour à la réalité », avec son lot de contrariétés. Votre mental pourra vous dire que les autres (car ce sont souvent les autres qui apportent la contradiction) n'ont rien compris, eux. Vous vous sentez alors isolé, en colère contre ceux qui vous empêchent d'être qui vous êtes vraiment. Le piège du mental se resserre : c'est de la faute des autres. Et vous continuez votre vie en leur en voulant de saboter votre tentative d'évolution.

Une autre possibilité, lors du retour à la réalité, est de vouloir tout changer, tout de suite. Votre mental vous aide à vous fixer des objectifs démesurés. Tellement démesurés qu'au début vous êtes très enthousiaste pour y arriver, mais très vite, vous vous sentez écrasé par l'ampleur de la tâche et vous y renoncez. Le statu quo est préservé.

Un autre piège fréquent lors du retour à la réalité est de ressentir le manque des « shoots émotionnels » et des déclics que vous avez connus. Vous souhaitez alors enchaîner rapidement avec un autre fournisseur d'exaltation. Vous cumulez les stages, les rencontres, les livres, et vous nagez dans le bonheur. Plus vous faites de stages ou lisez de livres, plus votre mental vous fera croire que vous êtes en mouvement et donc proche du but, alors que vous n'êtes en réalité pas encore sorti de votre zone de confort. Bien au contraire. Mais le mental, dans son piège, vous fait croire que vous y êtes déjà. Peut-être même vous fait-il regarder avec un peu de condescendance ceux qui n'ont pas encore compris. Ça, c'est du grand art !

Les pièges tendus par le mental sont innombrables et sa ruse infinie… Il ne signe pas ses sabotages. Si dans votre chemin vers vous-même tout se déroule tranquillement, sachez que votre mental vous a installé devant un bon film vous faisant croire que vous étiez en mouvement. Comment savoir si vous êtes vraiment en chemin ? Vous le saurez à la taille des dragons que vous allez devoir affronter…

3. Les dragons : ces épreuves sur votre chemin

L'allégorie du dragon

Avez-vous eu l'occasion de voir l'un des plus grands succès de l'histoire du cinéma, *Avatar*, de James Cameron ? Si ce n'est pas le cas, je vous invite vivement à le visionner après avoir lu ce passage. Vous comprendrez aisément pourquoi James Cameron a intégré des dragons dans son histoire.

Depuis la nuit des temps, les dragons peuplent notre imaginaire par le biais des contes et des mythes. Dans ces récits, le valeureux héros part en voyage initiatique pour réussir un exploit que lui seul peut accomplir. Pendant son voyage, il est confronté à un dragon qu'il doit absolument vaincre s'il veut conquérir son trésor, la princesse ou la récompense recherchée. Cette créature écaillée est le gardien de la clé qui permet d'accéder au trésor ou à la demoiselle en détresse.

Personne, à part les têtes brûlées et les simples d'esprit, ne souhaite aller à la rencontre du dragon car, par définition, il est effrayant. Mais si le héros veut accomplir quête, il n'a pas le choix. Il doit l'affronter et le terrasser, faute de quoi il échouerait dans sa mission.

Si je reprends l'exemple du film *Avatar,* le valeureux héros, Jake Sully, doit partir à la rencontre du dragon qui lui est dédié. En chemin, le héros demande à ses précieux alliés comment il pourra reconnaître son propre dragon. La réponse est sans équivoque : « Il essaiera de te tuer. » Personne n'a dit que le métier de héros était simple !

Maintenant, imaginez que le valeureux héros c'est vous. Vous devez vous aventurer en dehors de votre zone de confort pour vous engager dans la zone de mystère, là où se trouvent vos rêves et une vie pleine de sens. Les obstacles que vous allez rencontrer en chemin sont vos dragons. Comme dans les contes, vous ne pourrez pas faire ce voyage sans les rencontrer.

Et comme le héros, vous ne réussirez pas à atteindre votre objectif si vous ne les affrontez pas. Car, que vous le vouliez ou non, ce sont les gardiens du seuil entre votre vie ordinaire et votre vie potentiellement extraordinaire.

Si vous voulez vous y prendre correctement pour ne pas battre en retraite en vous jurant de ne plus jamais refaire de telles folies, pour tenter d'explorer la zone de mystère, il est indispensable de savoir identifier les dragons que vous allez rencontrer, de comprendre pourquoi ils apparaissent sur votre chemin et de savoir comment les chevaucher.

De l'art de reconnaître ses propres dragons

Les dragons dont il est question ne portent pas d'écailles et ne crachent pas de feu. Ceux-ci se présentent sous forme d'épreuves intérieures et extérieures auxquelles vous serez confronté dans votre parcours. Ils peuvent revêtir plusieurs formes et se manifester à différents moments, faisant écho à votre histoire personnelle et à l'étape de votre vie présente.

Ce dragon peut être une situation, une personne ou bien une relation.

Pour identifier les dragons qui vous concernent, il est nécessaire d'observer attentivement comment vous vous sentez lorsque vous rencontrez un contretemps ou un obstacle. Si vous êtes envahi par l'inconfort, en proie à de fortes émotions telles que la peur ou la colère, alors vous êtes face à un dragon.

Pour illustrer mon propos, en reprenant l'exemple du bricolage, je vais vous dévoiler l'un de mes plus grands dragons. Avec ma compagne, nous avons eu l'occasion de devenir propriétaires d'un endroit merveilleux de 7 hectares avec une forêt, une rivière et une ruine. Au départ, tout le monde nous a conseillé de détruire cette grange-étable en ruines pour construire une maison neuve. Mais un jour nous avons croisé le chemin d'un homme d'exception, Jean-Paul. À l'âge de soixante-douze ans, il a fait le pari de construire une maison en partant de la ruine. Audacieux que nous sommes, nous avons suivi cet homme audacieux pour construire une maison écologique, en terre et paille, de près de 350 mètres carrés en partant d'une ossature en bois. Mais il faut savoir que ni ma femme ni moi ne sommes bricoleurs, et que nous n'avions pas les moyens de faire intervenir une entreprise. Nous avons alors tous les trois retroussé nos manches pour réaliser ce rêve un peu fou, mais porté par un bel enthousiasme et surtout beaucoup d'amour.

Sauf que, mes dragons m'ont vite rattrapé... Ne me sentant pas l'âme d'un bricoleur, j'ai commencé à vivre un profond épuisement moral arrivé au moment des finitions. Je m'agaçais pour un rien sur le chantier dès qu'il manquait quelque chose. Je trouvais mille et une raisons pour voir que rien ne se passait comme prévu. J'en arrivais à remettre en question notre projet, qui était pourtant le rêve de notre vie avec ma compagne.

J'ai alors fait le parallèle avec le reste de ma vie. Et je me suis aperçu que mon plus grand problème était de terminer les choses, et ce, à tous les niveaux. Je suis très bon pour lancer des idées et concrétiser un projet, mais pas pour les maintenir ou les pérenniser. Me voilà alors avec ce grand dragon qui me barre la route à chacune de mes entreprises. J'ai compris qu'au plus profond de moi-même, bien plus que la peur d'échouer, j'avais aussi très peur de réussir !

La peur, comme nous l'indique le dictionnaire Larousse, est un sentiment d'angoisse éprouvé en présence, ou à la pensée, d'un danger, réel ou supposé. Lorsque vous suivez le mouvement d'ouverture pour découvrir ce qui se cache dans votre zone de mystère, un des dragons qui pourra frapper à votre porte est celui de la peur de l'inconnu. L'angoisse face aux bouleversements qui pourraient s'opérer dans votre vie, si vous décidez de changer, peut devenir paralysante.

Vous connaissez très bien ce que vous avez, mais vous ne savez pas du tout ce qui vous attend si vous osez sortir de ce que vous maîtrisez. Changer, ça peut faire peur.

Entreprendre une démarche de changement, c'est prendre le risque de perdre sa sécurité, de contrarier son entourage, de modifier ses conditions de vie et d'échouer en chemin, voire de réussir ! L'ensemble de ces éléments représente un poids incroyable et peut contrebalancer vos désirs d'aller vers un mieux-être profond.

Aussi, développer l'art de rencontrer nos propres dragons est intimement lié à notre aptitude à ressentir avec honnêteté nos sensations et à observer nos sentiments et nos réactions. Puis à nous détacher des injonctions de notre mental. Car, comme c'est son rôle, celui-ci va tout mettre en œuvre pour brouiller les pistes : il redoublera d'efforts pour nous empêcher de comprendre que nous nous retrouvons face à un dragon. Il nous donnera toutes les explications, rationnelles et irrationnelles, pour nous rassurer sur le fait que nous sommes déjà de véritables héros, pour nous montrer à quel point nous avons déjà chevauché des dragons. C'est à ce moment-là que l'appel de notre cœur aura besoin de toute notre authenticité, de notre honnêteté intellectuelle. Il nous faudra reconnaître qu'il reste encore quelques dragons à chevaucher si nous souhaitons révéler plus de richesses encore en suivant nos aspirations profondes.

Les réactions face aux dragons

Une fois engagé sur votre chemin, vous ne tarderez pas à rencontrer des épreuves, vos premiers dragons, qui feront resurgir en vous des émotions puissantes telles que la peur, la tristesse ou la colère. Pour vous protéger, vous mettrez sans doute en place diverses stratégies visant à ne pas rester trop longtemps face à ces dragons. Le créateur de ces nombreuses stratégies est votre mental. Trois d'entre elles se manifestent couramment.

La fuite

Lorsqu'un dragon se présente à vous sous forme d'une situation ou d'une relation contrariantes, vous pourriez être tenté de tourner les talons pour vous éloigner de cette source d'inconfort. C'est le comportement qu'on adopte lorsqu'on ne souhaite pas entrer dans un conflit ouvert.

Bien entendu, cette réaction n'est pas sans conséquences. À force de fuir les épreuves et les conflits, l'image de soi se détériore progressivement. Lorsqu'une opportunité de changement se représentera dans le futur, le manque de confiance en nous-même ne nous encouragera pas à aller de l'avant et à faire face au nouveau dragon... Le mental mettra alors en place de nombreuses stratégies de sabotage pour nous « protéger » et nous garder bien au chaud dans notre zone de confort.

Si cette habitude d'évitement s'installe, on peut devenir désabusé, voire cynique. On est alors tenté de décourager le premier audacieux venu.

> Analysez les situations dans lesquelles vous avez déjà ressenti une perte de confiance en vous. Il s'agissait peut-être d'une situation inconfortable ou d'un dragon que vous n'aviez pas osé affronter.

L'immobilisme procrastinatoire

Face à un dragon qui prend la forme d'une contrariété, vous pourriez utiliser la procrastination. Son but est de vous amener à repousser toujours plus le moment de passer à l'action. La procrastination s'avère une merveilleuse stratégie pour ne pas affronter son dragon tout en étant convaincu de continuer à avancer sur son chemin.

En effet, la stratégie de l'immobilisme procrastinatoire vous pousse à vous disperser dans une multitude de tâches, dont certaines sont secondaires, voire inutiles. Cela afin de repousser un peu plus le moment du passage à l'action, qui vous permettrait d'atteindre l'objectif que vous vous êtes fixé.

L'affrontement

Pour terminer, vous pourriez rentrer dans une confrontation ouverte avec les personnes qui ont fait émerger les contrariétés, vos dragons. Ce type de réponse émerge souvent lorsque vous croyez que la faute revient à l'autre et que vous ne souhaitez pas « vous laisser faire ».

Lorsque cet affrontement vous fait perdre vos moyens, les conséquences peuvent être très négatives autour de vous, et pour vous-même. Vous dépensez alors beaucoup d'énergie pour tenter d'avoir raison, de prouver que le problème et la faute viennent des autres, tandis que votre dragon vous regarde gentiment vous battre contre des moulins à vent... Car lui sera toujours là quand vous aurez fini par vous épuiser avec vos supposés « bourreaux ».

Vous l'aurez compris, quelle que soit l'attitude que l'on adopte face à nos dragons, nous les rencontrons tant que nous n'avons pas pris la décision de les affronter et de les chevaucher.

> Et vous, quelle réaction avez-vous face à vos dragons ? Vous souvenez-vous d'avoir rencontré un dragon dernièrement ?

4. Vos rêves et votre entourage

Une prise de conscience inconfortable

Ça y est, vous n'avez plus aucun doute, vous avez entendu l'appel du cœur : ce murmure qui effleure votre tympan ou cet événement fracassant qui vous chamboule. En poursuivant cet élan, vous décidez d'en faire part à votre entourage. Mais au lieu de récolter soutien et encouragements, vous obtenez craintes et objections. Peut-être vous diront-ils que vous n'avez pas assez de temps, de compétences ni d'argent pour réaliser ce que vous souhaitez.

Sachez que cette réaction est prévisible. En effet, nous faisons chacun partie d'un ensemble de systèmes relationnels, que ce soit notre famille, nos amis ou notre milieu professionnel. Chacun de ces systèmes fonctionne selon un ordre bien établi. À partir du moment où l'une des composantes du système change, tout le système est bouleversé. Or, souvent, les autres éléments de votre système n'étaient pas prêts ou même en demande de ce changement.

Toute prise de conscience importante a des répercussions sur votre entourage.

Il est important de savoir accueillir ces jugements et critiques afin de pouvoir être le premier acteur du changement tout en évitant de s'engouffrer dans ces situations chaotiques sans aucune prise de recul. Si vous ne vous préparez pas à ces réactions, vous risquez de les prendre pour des attaques personnelles et de laisser votre environnement extérieur vous influencer jusqu'à l'abandon de l'appel de votre cœur. La majorité des personnes qui osent l'écouter renoncent dès le premier pas parce qu'elles ne se sentent pas soutenues ou parce qu'elles ont laissé leurs proches détruire leur rêve à coups d'objections.

Seul face aux dragons des autres

Une chose est importante à savoir pour prendre du recul face à la réaction de son entourage. Grâce à cela, vous pourrez entendre de manière plus sereine l'opinion de vos proches sur le rêve que vous leur confiez.

Lorsque vous êtes appelé par votre élan vital et que vous osez faire vos premiers pas dans votre zone de mystère, les dragons que vous réveillez sont les vôtres. Vous seul pouvez les voir, les ressentir, les toucher. Et pendant que vous commencez à explorer cette zone de mystère, les personnes faisant partie de votre environnement proche resteront pour la plupart dans la zone de confort que vous partagez avec elles. Ces mêmes personnes vous verront en dehors de la zone de confort et auront peur pour vous. Pourquoi cela ?

Parce que lorsque vous sortez de la zone de confort, vous ouvrez une brèche par laquelle votre entourage pourra vous regarder explorer la zone de mystère. Mais au lieu de vous voir chevauchant vos dragons, ils seront confrontés à leurs propres dragons.

Et s'ils n'étaient ni en demande, ni prêts à cela, leur réaction sera de revenir au plus vite au centre de leur zone de confort, en vous hurlant qu'à l'extérieur de la zone de confort, c'est une cohorte de dragons auxquels vous allez être confronté.

Cela, vous le savez. Vous allez rencontrer des dragons. Mais ce sont les vôtres.

Les 4 postures de votre entourage face à vos rêves

Prendre du recul par rapport aux réactions de votre entourage ne signifie pas faire la sourde oreille et foncer tête baissée vers son rêve. Cette prise de recul vous permettra à la fois de prendre conscience de l'inconfort vécu par votre entourage et de l'accueillir, mais aussi d'appréhender les risques que pourrait subir le système dont vous faites partie. L'enjeu est de réussir à concilier ces deux mouvements antagonistes : celui de votre expansion, dirigée par votre rêve, et celui du repli de votre entourage, dirigé par la peur.

Pour cela, il vous sera essentiel d'être conscient des différentes postures que prendront les personnes de votre entourage face à votre exploration de la zone de mystère.

Chacun de vos proches pourra adopter une des quatre postures suivantes. Cependant, gardez bien à l'esprit que rien n'est figé ni permanent. Chacun évoluera d'une posture à l'autre selon votre attitude, le regard et l'écoute que vous lui apporterez.

Tout d'abord, il existe deux façons de se positionner dans une telle situation : le soutien ou l'opposition. Et chacune peut être active ou passive. Examinons ensemble de plus près ces quatre postures.

Les **soutiens actifs** vous aideront concrètement. Ils vous donneront des conseils avisés, vous mettront en contact avec les bonnes personnes en lien avec votre but. Ils se mettront à votre service parce qu'ils croient en vous et en votre projet.

Les **soutiens passifs** vous manifesteront tout leur soutien par des encouragements et par l'admiration pour ce que vous entreprenez. Cependant, ils ne vous apporteront pas de soutien concret. Loin de vous, ils ne penseront que rarement à vous proposer leur aide.

Les **opposants passifs** vous expliqueront les risques que vous prenez à emprunter le chemin du mystère. Ils vous déconseilleront fortement de perturber l'ordre établi et resteront dans une posture de conseillers. Ils utiliseront souvent des mots comme : « fais attention », « je te préviens », « tu prends un risque », etc.

Les **opposants actifs**, en plus de vous mettre en garde, agiront pour que votre projet n'aboutisse pas. Ils mettront de la mauvaise volonté à comprendre votre projet et vos motivations, ils saboteront chacune de vos initiatives. Cela ne leur fait pas plaisir, mais ils perçoivent un réel danger dont il leur semble que vous n'avez pas conscience, ou bien ils redoutent un danger auquel votre projet pourrait les confronter.

De toutes ces différentes postures, aucune n'est bonne ni mauvaise. Elles existent, simplement. Néanmoins, deux de ces postures vous seront utiles pour atteindre vos objectifs.

La première est celle du soutien actif. Il sera votre précieux allié, vous apportant du ressourcement tout au long de votre aventure. Il sera à vos côtés aussi bien dans les bons que dans les mauvais moments, parce qu'il aura perçu au-delà de vos épreuves le but à atteindre, le sens profond de votre quête. Ou bien, il partagera simplement le bonheur de voir votre projet s'incarner.

Moins évidente à admettre, la seconde posture utile est celle de l'opposant actif. En effet, un opposant actif est très important dans votre aventure, car s'il s'engage à la saboter, c'est qu'il est prêt à vous consacrer de son temps et de son énergie. Comprenez qu'il ne s'oppose pas à vous farouchement par simple plaisir, mais parce qu'il voit un danger que vous n'avez peut-être pas encore perçu. Cet opposant actif est précieux et vous devez prêter attention à ses objections, même si cela reste très inconfortable pour vous. Vous découvrirez plus loin comment utiliser les remarques d'un opposant actif pour le transformer en un précieux soutien actif.

Les deux postures passives n'ont pas d'incidence directe sur la réalisation de votre rêve. Ne vous en souciez pas. Soyez vigilant à ne pas passer trop de temps, ni à donner trop d'énergie à tenter de convertir un soutien passif en soutien actif. Cette conversion arrive très rarement et un soutien passif vous apportera toujours moins d'informations pertinentes qu'un opposant actif.

DEUXIÈME PARTIE

OSEZ… changer de perspective pour emprunter le chemin audacieux de votre vie

Dans cette partie, vous découvrirez comment développer une posture vous permettant de transformer les freins et les événements difficiles en opportunités.

Maintenant que nous avons mis en lumière ce qui se passe à l'intérieur de vous et ce qui vous fait agir, il devient évident que vos représentations et le regard que vous portez sur les événements ont un fort impact sur votre vie de manière générale.

En adoptant une nouvelle posture, une posture audacieuse, votre zone de confort, votre mental, vos dragons ainsi que votre environnement deviendront des sources vives d'opportunités, vous invitant à exprimer dans ce monde la meilleure version de vous-même.

Sortir de sa zone de confort et emprunter le chemin de la zone de mystère n'est pas un long fleuve tranquille. Cela demande de l'engagement, de l'audace et beaucoup de courage tant cette aventure vous confrontera à vos propres faiblesses.

Aussi, prenez le temps de vous imaginer chevauchant vos propres dragons, afin d'en acquérir la force, la puissance et la beauté. Vous en aurez peut-être déjà les yeux qui pétillent.

1. Votre zone de confort : la piste d'envol pour explorer l'univers où tout est possible

Se ressourcer dans sa zone de confort

Dans la première partie, nous avons abordé l'utilité et la fonction de la zone de confort. Nous avons vu que ce n'était pas dans cette zone que vous pouviez exprimer de nouvelles potentialités ou incarner de nouveaux rêves. Car, par définition, cette zone de confort est le siège de tout ce qui est connu et habituel. Maintenant que nous sommes prêts à entrevoir les choses d'une autre manière, nous allons voir à quel point la zone de confort est la piste d'envol pour explorer la zone de mystère.

Au sein même de votre zone de confort, vous avez établi un espace-temps qui structure votre vie et votre quotidien. Cette structure fait partie des fondations de la vie que vous menez. Cette zone de confort a beau ne pas être très confortable, elle reste le point d'appui qui vous permet de comprendre qu'il y a un autre monde qui l'entoure au-delà de ses frontières.

Au moment où vous lisez ces lignes, sachez que dans votre vie, vous avez déjà chevauché un bon nombre de dragons. Ces dragons que vous avez su apprivoiser, plus ou moins en conscience, font désormais partie intégrante de vous-mêmes. Quand vous quittez la zone de mystère pour rentrer dans votre zone de confort, il est essentiel de prendre soin de ces nouveaux dragons domptés et de les intégrer dans votre vie. C'est le moment de reprendre votre souffle, d'apprécier vos nouvelles potentialités révélées et d'en parler autour de vous.

C'est un peu comme si vous étiez le héros de votre propre vie. En effet, tous les héros de vos livres et films préférés suivent exactement ce chemin, comme si l'alternance entre zone de confort et zone de mystère faisait partie d'un schéma universel que nous partageons tous.

Le héros est appelé à quitter son monde ordinaire, souvent avec le soutien d'un mentor, pour partir explorer un monde extraordinaire dans lequel il sera confronté à de nombreuses épreuves, face à des ennemis mais entouré d'alliés, afin de récupérer l'objet de sa quête. Quand il l'obtient, le héros retourne, transformé par son aventure, dans le monde de ses origines. Et il lui dédie l'objet de sa quête, son trophée.

S'agissant de vous, c'est en revenant dans votre zone de confort transformé par les épreuves et chevauchant de nouveaux dragons que vous pourrez offrir vos nouvelles richesses et expériences à votre environnement. Ce moment de retour dans la zone de confort permet aussi de prendre le temps d'approfondir la connaissance et la maîtrise des nouveaux dragons apprivoisés.

Votre zone de confort devient alors la piste d'envol de vos dragons domptés prêts à partir à la rencontre de nouveaux dragons qui vous attendent dans la zone de mystère. C'est dans ce constant va-et-vient entre votre zone de confort et votre zone de mystère que vous pourrez sans cesse grandir en conscience et vivre de nouvelles expériences enrichissantes.

Assumer sa réalité et se respecter

Prendre conscience du fait que votre zone de confort est aussi la piste d'envol pour explorer la zone de mystère ne doit pas faire oublier l'intérêt qu'il y a à disposer d'une zone de confort. Un problème peut en effet survenir face à la prise de conscience de l'appel du cœur : on peut être tenté de se lancer à corps perdu dans la zone de mystère en laissant tout ce que l'on a construit au sein de sa zone de confort pour enfin se révéler. Sans aucune limite ni frein. S'imaginer par exemple que notre activité professionnelle ne nous intéresse plus du tout, quitter celui ou celle que l'on a choisi à un moment de notre vie, entreprendre de nouvelles formations pour affirmer notre choix de changement, etc. En effet, la différence de potentialité entre la réalité du moment et nos nouvelles aspirations peut faire naître un puissant sentiment de frustration.

C'est à ce moment précis qu'il est important de pivoter et de prendre le recul nécessaire pour célébrer le moment et le lieu où nous sommes arrivés. C'est une façon de se respecter et de respecter l'environnement que l'on s'est construit. En réalité, le problème n'est pas notre environnement, puisque nous l'avons construit, de manière consciente ou inconsciente. Il est essentiel pour chacun de ressentir ce qui se passe à l'intérieur de lui-même comme à l'extérieur afin de reconnaître les besoins qui cherchent à s'exprimer au travers de ses envies et de ses choix.

La seule manière de pouvoir se respecter soi-même et de respecter son environnement, c'est de ne pas rejeter la faute sur les autres, ni même sur soi, mais plutôt d'entamer une communication consciente avec soi-même et avec son environnement dans une nouvelle qualité de relation. Ainsi, informer au préalable votre entourage de ce que vous vous apprêtez à faire vous permettra d'entreprendre une expédition dans votre zone de mystère de manière plus apaisée. Cela ne signifie pas que vous recevrez toujours un accueil favorable. Mais dans une posture affirmée, vous pourrez aussi prendre en considération le positionnement de chacun vis-à-vis de votre appel du cœur avant de vous lancer.

Et si la première personne à qui cela fait peur, c'est vous, vous pourrez entrer en communication avec vous-même pour rester à l'écoute de vos besoins et de vos envies, qui s'avéreront parfois antagonistes. Mais si vous savez les entendre, vous aurez plus de chance de les respecter.

Du confort à l'audace, il n'y a qu'un « petit » pas

Après avoir pris le soin d'entendre vos besoins et ceux de votre environnement, il vous faudra faire le choix de vous lancer hors de votre zone de confort. Personne ne pourra le faire à votre place. Vous le savez au fond de vous. C'est bien pour cela que l'on n'ose pas toujours se lancer. On sait que l'on est seul responsable des conséquences de cette décision. Mais là aussi, il y a une nouvelle posture à adopter pour sortir de sa zone de confort.

Vouloir sortir de sa zone de confort sans avoir pris soin de voir les dragons que l'on a déjà chevauchés, de célébrer toutes les richesses révélées depuis de nombreuses années, de s'en servir pour gagner une plus grande confiance en soi-même, est la meilleure tactique pour retourner rapidement dans sa zone de confort. Avec pour seule image de la zone de mystère un immense et terrifiant dragon.

On pourrait même être tenté de ne plus jamais y retourner. C'est pour cela qu'un bon nombre de personnes se retrouvent confinées dans leur zone de confort, à laisser mourir à petit feu tous leurs rêves. Elles n'osent plus entendre leurs appels du cœur, car elles ont seulement gardé en mémoire l'image de l'énorme dragon qu'elles avaient rencontré hors de leur zone de confort.

Mais que se passerait-il si l'exploration de cette zone de mystère se faisait dans une logique de « petits pas » ?

Le principe d'action par petits pas est la manière la plus simple et la plus efficace d'affronter ses propres dragons, du plus petit au plus grand. Vous pouvez entendre un appel du cœur qui risque de vous faire entrevoir l'un de vos plus grands dragons. Cependant, en vous respectant et en sachant célébrer l'étape où vous êtes, vous aurez la lucidité de commencer par affronter un dragon que vous serez prêt à chevaucher.

Car tout au long de votre aventure, vous rencontrerez des dragons de plus en plus grands. Mais ils seront, au fil du temps, entourés d'autres dragons domptés de plus en plus grands aussi. Aborder votre nouvelle aventure de cette manière est la garantie de tenir vos engagements envers vous-même et d'atteindre votre but.

L'audace que vous déploierez, et qui sera reconnue, prendra forme par une succession de petits pas, tandis que pour le monde extérieur, elle sera symbolisée par l'atteinte de votre objectif. N'oubliez jamais que votre audace est intérieure, et qu'elle s'exprime par le fait d'entreprendre une action difficile à vos yeux au moment où vous y êtes confronté.

2. La puissance de votre mental

L'intérêt d'apprendre à maîtriser son mental

Après vous avoir mis en garde contre votre mental, il est temps maintenant de redonner à ce dernier toute sa place. Pour maîtriser votre mental, le plus grand défi est d'apprendre à le reconnaître et à le voir agir. Comment seriez-vous en mesure de corriger, maîtriser votre mental, si vous ne pouvez le voir en action ? Pourtant, adopter une posture de témoin face à son propre mental peut s'avérer un art à part entière.

Imaginez-vous naviguant sur le flot de la vie. À bord de votre navire, vous traversez vents et marées. Avoir pour capitaine un mental non maîtrisé vous fera perdre le contrôle de votre embarcation. Vous n'aurez aucun moyen de garantir l'atteinte de vos objectifs. Vous serez sujet aux changements de direction du vent et du courant. À terme, vous arriverez à une destination nommée « nulle part » ou « ailleurs ».

Mais si vous apprenez à maîtriser votre mental, vous lui permettrez de se mettre à votre service.

« Comment reprendre le contrôle de son mental ? » me direz-vous. En décidant de reprendre la place du capitaine de votre bateau avec un but déterminé, clair et précis. La seule chose dont vous avez besoin pour contrôler votre mental, c'est de lui donner un cap, un objectif à atteindre, et de veiller à ce qu'il dirige sans faiblir son attention dessus. En adoptant cette attitude déterminée, votre mental ne pourra plus être attiré par le chant des sirènes. Cette nouvelle posture audacieuse vous permettra de trouver les ressources pour traverser toutes les tempêtes.

Rappelez-vous que la fonction propre du mental est d'organiser, de planifier et de structurer, mais aussi de juger et de critiquer. Cela se manifeste par la production intensive de pensées en tout genre. Lui donner un but déterminé et précis est la seule manière de lui permettre d'utiliser sa puissance pour vous amener à atteindre vos objectifs. En agissant de la sorte, vous lui permettrez d'exprimer toutes ses capacités, tous ses potentiels, mais uniquement au service de votre quête.

Définir un but précis, c'est décider de la destination de votre voyage, c'est hisser la grand-voile, larguer les amarres et donner le cap. Le mental, quant à lui, se chargera de mettre en branle tout l'équipage pour que vous puissiez arriver à bon port, quelles que soient les conditions du voyage.

Cultiver des pensées positives

Vous êtes-vous déjà demandé quel est l'état d'esprit des personnes qui atteignent leurs objectifs et réalisent leurs rêves ? Elles ont généralement un point en commun. Elles prennent soin de la qualité de leurs pensées, et s'efforcent d'en produire des positives. Créer des pensées positives, c'est offrir à votre mental l'équipage propice pour faire avancer votre navire en direction de votre but. Imaginez que chacune de vos pensées est un nouveau matelot qui peut se mettre au service de votre mental. Veiller à émettre des pensées positives, c'est vous entourer d'un équipage loyal qui ramera pour atteindre vos objectifs. Les pensées négatives, quant à elles, généreront un équipage fourbe qui ramera dans le sens opposé à votre destination.

Notre capacité à générer des pensées positives se développe, et surtout s'entretient. Il n'existe pas de personnes qui naissent avec ce don tandis que d'autres en sont dépourvues. C'est une affaire de tous les jours : s'entourer de personnes positives, lire des livres inspirants, écouter de la musique nous évoquant l'harmonie, etc. sont des exemples concrets et pratiques pour nourrir notre mental de pensées positives. Grâce à cette attitude vous pourrez aussi développer la puissance de votre enthousiasme. Il sera nécessaire pour fédérer autour de vous les personnes qui vous aideront dans votre quête.

> Mettez-vous à penser à quelque chose d'agréable, de beau, comme vos derniers moments de bonheur au sein de votre entourage. Fermez les yeux et remémorez-vous cette image mentale.

Ressentez-vous un bien-être, une sentiment positif nouveau ?

Faites donc le choix de développer un état d'esprit positif afin de bénéficier de ses vertus. Vous verrez que, très vite, le monde qui vous entoure changera d'aspect. Nous ne voyons le monde qu'avec le regard de notre esprit. Si je souhaite voir le monde laid et cruel, il sera laid et cruel. Par contre, si je souhaite voir le monde meilleur et beau, il le sera de fait dans mon esprit. Et je pourrai ainsi réellement y contribuer par mes actions.

Le mental et la négation

> Prêtez-vous à ce court exercice : n'imaginez pas un éléphant rose, qui n'entrerait pas dans votre salon et qui ne se servirait pas un verre d'eau dans vos toilettes.

Alors c'est bon, vous ne l'avez pas imaginé ? Vous venez d'expérimenter le fait que votre mental ne comprend pas la négation.

Quelle conséquence cela a-t-il pour vous ? Lorsque vous construisez vos pensées par la négation, votre mental oublie les verbes à la forme négative pour se concentrer sur les autres informations, les noms, dont les images se forment aussitôt. C'est ainsi qu'il dirige finalement son attention vers ce que vous ne désirez pas en créant des images mentales opposées à vos souhaits.

Si vous souhaitez sortir d'une situation d'échec et laisser émerger de nouvelles opportunités pour accueillir la réussite dans votre vie, commencez avant toute chose par diriger votre attention vers ce que vous désirez. De ce fait, vous commencerez à produire des pensées positives qui impacteront votre humeur, mais aussi et surtout, vous donneront l'espace mental nécessaire pour apercevoir les nouvelles opportunités qui s'offrent à chaque instant pour atteindre votre objectif.

Par exemple, ne dites pas « Je ne souhaite plus échouer », car votre mental entend « souhaite » et « échouer », mais dites plutôt « je souhaite réaliser mon rêve ». Cela peut paraître simple, mais attendez-vous à voir votre quotidien changer de manière radicale si dès à présent vous activez la production de pensées positives en lien avec ce que vous désirez le plus pour vous et votre environnement.

Bien entendu, cela ne veut pas dire que cela suffira pour réaliser tous vos rêves. Toutefois, c'est un indispensable premier pas pour qu'un changement s'opère.

3. Chevaucher ses dragons pour révéler sa puissance intérieure

Devenir le héros de sa propre vie

L'audace dont il est question dans ce livre est une audace qui naît de l'intérieur. Oser exprimer son audace dans son quotidien peut devenir un parcours héroïque : se connecter à ses aspirations profondes, les reconnaître, sortir de sa zone de confort, chevaucher ses dragons dans la zone de mystère, écouter son appel du cœur, etc.

Pour se lancer dans cette aventure, il faut savoir s'engager à la manière d'un héros. Dans les contes et les mythes, le héros traverse une multitude d'épreuves hors de sa paisible contrée, avant de revenir transformé au sein de sa communauté. Sa transformation est souvent symbolisée par un trophée (humain, animal ou objet, à l'origine de sa quête) qu'il rapporte chez les siens. Cet archétype héroïque résonne au plus profond de nous. Si vous décidez dès à présent de considérer votre vie comme une aventure héroïque, attendez-vous à ce que votre vie devienne magique et extraordinaire.

En considérant que vous êtes le héros de votre propre vie, et que l'objet de votre quête se trouve à l'intérieur de vous, vous allez pouvoir aborder les épreuves de votre quotidien de manière radicalement différente.

Imaginez-vous face aux difficultés que vous rencontrez, avec l'intention de trouver à chaque instant le sens de ce qui vous arrive. Pourquoi est-ce que cette rencontre s'est faite maintenant ? Pourquoi ce problème survient-il dans une période où vous n'en aviez en apparence pas besoin ?

À partir du moment où vous accepterez d'être le héros de votre propre vie, ne soyez pas surpris que la vie vienne vers vous de multiples façons pour vous aider à atteindre votre objectif. C'est dans cet état d'esprit que vous pourrez développer votre puissance et votre beauté intérieure.

En devenant le héros de votre propre vie, vous adopterez une attitude mentale noble et respectable. Vous ferez partie de ces rares personnes qui vivent la vie de leurs rêves plutôt que de rêver leur vie. Qu'il s'agisse de Frodon dans *Le Seigneur des anneaux*, de Harry Potter ou d'autres encore, la grandeur d'un héros ne se mesure ni à sa force extérieure, ni à sa connaissance. Elle se mesure à son courage et à son audace.

À l'instant où vous lisez ces lignes, vous possédez déjà tout ce dont vous avez besoin pour oser révéler votre audace en décidant d'écouter l'appel de votre cœur. L'appel du cœur qui vous invite à explorer votre zone de mystère vous donnera la force de chevaucher vos premiers dragons en pleine conscience. Bien souvent, cela ne sera pas de tout repos, mais à force de vous entraîner à approcher vos dragons, vous les comprendrez de mieux en mieux. Vous trouverez vos propres stratégies pour les affronter et les chevaucher.

Le dragon dans votre zone de confort

Une fois que vous aurez chevauché quelques dragons, il vous sera essentiel et même vital de revenir vous ressourcer dans votre chaumière. Vous pourrez alors profiter d'une accalmie pour prendre soin des dragons que vous venez de dompter. Ils vous seront certainement d'une grande utilité. Toutes les nouvelles aptitudes, les compétences que vous avez développées en dehors de votre zone de confort pourront désormais être utilisées au sein de votre environnement.

Il vous faudra alors nourrir ce nouvel état d'esprit par des lectures, par l'approfondissement de vos connaissances sur vous-même et sur le monde qui vous entoure. Fort de l'aide des nouveaux dragons apprivoisés, vous vous rendrez vite compte que chevaucher des dragons ne sert qu'à vous faire grandir en conscience.

À quoi vous servira de développer une plus grande conscience ? À contribuer à l'amélioration de notre monde extérieur. « Soyez le changement que vous souhaitez voir dans le monde » disait Gandhi. Il est illusoire de vouloir changer quoi que ce soit à l'extérieur de soi, tant qu'on n'aura pas décidé de changer la perception de ce que l'on a à l'intérieur de soi.

Par la métamorphose de votre posture intérieure, vous contribuerez à l'évolution de votre environnement. Parce qu'en chevauchant vos propres dragons avec force et bravoure, vous inviterez et donnerez envie à vos proches de faire la même chose. Ainsi, c'est le monde entier que vous changerez, simplement parce que vous aurez eu l'audace d'écouter l'appel de votre cœur.

Transformer vos dragons en alliés

Revenons à l'exemple du film *Avatar*. Lorsque le héros, Jake Sully, arrive sur le flanc de la montagne où sont regroupés les dragons, tous s'éloignent de lui, sauf un, terrifiant, qui l'attaque aussitôt. Il comprend alors la difficulté de l'épreuve qui l'attend. S'ensuit un combat entre le héros et le dragon, avec un avantage certain pour ce dernier. Jack est projeté dans le ravin, mais il parvient in extremis à s'accrocher au flanc de la montagne. Puis il réussit à se relever et à chevaucher le dragon, jusqu'à parvenir à le maîtriser.

À cet instant précis, le héros et le dragon ne font plus qu'un. Le premier vol sur le dos du dragon a lieu. Le héros possède désormais la force et la puissance de ce dragon qu'il a réussi à dompter. Il a fait preuve d'audace pour révéler son héros intérieur.

Il est judicieux de commencer sa quête par des dragons de faible envergure, pour apprendre à les chevaucher. Au fur et à mesure de votre avancée sur le chemin de votre audace, vous prendrez de l'assurance et vous pourrez ainsi dompter vos dragons les uns après les autres. À chaque nouveau dragon chevauché, vous découvrirez un peu plus de force, de courage, de confiance en vous-même. Et ces vertus se refléteront dans vos actions et dans vos entreprises. Votre environnement ne pourra que constater vos nouvelles aptitudes et vos nouvelles qualités.

Souvent, malheureusement, ça ne se passe pas comme ça dans notre quotidien. Par manque d'expérience, les rares fois où nous avons tenté de sortir de notre zone de confort, nous nous sommes trouvés confrontés à nos plus gros dragons.

Le simple fait de diriger votre attention sur les plus gros dragons vous incitera à rester à la lisière de la zone de mystère. Et le combat intérieur se poursuivra entre votre mental qui vous suggère fermement de revenir au centre de sa zone de confort et votre appel du cœur qui vous incite à en sortir.

Ce dilemme intérieur peut être le combat d'une vie entière. Certaines personnes se résignent et laissent la victoire à leur mental. Mais souvent, à la fin de leur existence, elles sont assaillies de terribles regrets en comprenant qu'elles n'ont pas osé vivre une existence extraordinaire, dont l'opportunité s'était pourtant présentée.

4. Fédérer pour réaliser ses rêves

Prendre soin de l'équilibre de son environnement

La réalisation de vos rêves se fera en prenant soin de vous entourer des bonnes personnes.

En effet, votre environnement conditionnera l'atteinte de vos objectifs et la réalisation de vos rêves. Si vous évoluez dans un climat négatif, où vous entendez dire à longueur de journée que la vie est difficile, vous comprendrez vite que ce n'est pas un terreau fertile pour faire émerger en vous le courage et l'audace de réaliser vos rêves. Il est essentiel de reprendre son pouvoir et la responsabilité de l'environnement que l'on a créé.

Même un environnement sain mérite que l'on en prenne le plus grand soin. Grâce à votre aptitude à développer votre écoute, votre empathie, votre enthousiasme, vous pourrez faire en sorte que votre environnement attire des personnes positives, à l'écoute de votre aventure audacieuse et en résonance avec votre démarche.

Ce sera donc à vous de chercher à garder un équilibre au sein de votre environnement, pour qu'il ne devienne pas une entrave à votre épopée héroïque, mais le premier soutien actif.

L'environnement familial

Lorsque vous allez explorer votre zone de mystère et que vous aurez chevauché vos premiers dragons en pleine conscience, vous reviendrez transformé au sein de votre famille. Prenez soin de vos proches, car ils seront sans doute perturbés par votre évolution. Laissez-leur le temps de vous apprivoiser de nouveau.

Mais soyez vigilant : ne leur permettez pas de vous brimer par leurs propres peurs. Sachez bien faire la part des choses. Vous offrirez ainsi à votre entourage l'opportunité de grandir à son tour en empruntant le chemin de l'audace.

Apprendre à demander du soutien

En tant que nouveaux audacieux, vous aurez besoin d'apprendre à demander du soutien autour de vous. Votre épopée est la vôtre, vous en êtes le héros, mais vous n'obtiendrez jamais seul l'objet de votre quête. Tout comme les héros de vos récits préférés, vous devrez savoir vous entourer.

À l'écoute de votre environnement pour identifier les opportunités qui s'offrent quotidiennement à vous, vous ferez preuve de courage en sollicitant du soutien et de l'aide. Ce n'est pas chose facile, car cela vous demandera de vous montrer vulnérable. Mais vous découvrirez alors qu'offrir de la place à votre vulnérabilité peut s'avérer l'une de vos plus puissantes ressources.

Seul votre mental éprouvera des difficultés à demander du soutien. Lui ne souhaite jamais laisser transparaître sa vulnérabilité. C'est bien normal car dans notre monde, il est admis que celui qui est vulnérable est faible, et risque donc de mourir. Votre mental ne souhaite pas votre mort.

Alors apprenez-lui progressivement à demander autour de vous. Découvrez qu'un « non » ne tue pas, et que cette réponse peut même accélérer fortement votre recherche. Découvrez qu'un « oui » peut vous redonner une incroyable énergie pour poursuivre votre objectif.

Les postures pour bien s'entourer

Ce qui conditionnera grandement la création d'un environnement propice à l'émergence de votre audace et à la réalisation de vos rêves sera votre posture.

Voici les 4 postures principales pour fédérer les énergies positives autour de soi :

- être à l'écoute,

- être enthousiaste,
- être un soutien actif,
- être cohérent.

Être à l'écoute des autres

L'écoute active et bienveillante s'avère d'une grande puissance pour créer des liens forts et profonds et nous permettre de trouver nos propres solutions aux problèmes que nous rencontrons.

Être à l'écoute des autres signifie simplement offrir un espace de parole dans lequel nous nous abstenons de donner tout conseil. C'est savoir davantage poser des questions qu'apporter des réponses.

Être à l'écoute des autres c'est aussi terminer une conversation en ayant moins parlé que son interlocuteur, car on lui a offert un espace-temps particulier où il a pu se sentir entendu et reconnu.

Être à l'écoute de soi-même

L'écoute de soi-même et de son intuition permet de ne pas s'engager dans des entreprises ou dans des relations qui ne favorisent pas, voire contrarient, la poursuite des objectifs de vie que l'on s'est fixés.

Ce n'est pas une chose facile de savoir reconnaître son intuition. Mais le simple fait de décider de l'écouter permet un grand changement.

Vous êtes la personne à laquelle vous devriez pouvoir faire le plus confiance. Alors restez très attentif à ce que vous ressentez chaque jour. Et, surtout, soyez prêt à tout ressentir : aussi bien des sensations ou des sentiments heureux et agréables que des émotions plus perturbantes, moins avouables ou douloureuses. C'est la meilleure façon de respecter votre intuition et de la cultiver. Si vous lui donnez toute sa place, elle deviendra un guide fiable.

Être enthousiaste

Votre enthousiasme est l'expression même de votre étincelle de vie, de votre énergie vitale. Il est la source de votre énergie positive.

De plus, la force de l'enthousiasme, c'est qu'il est communicatif. Plus vous serez enthousiaste, plus vous inviterez naturellement votre environnement à l'être.

Développez votre enthousiasme et vous verrez rapidement des personnes venir vous proposer leur aide pour vous soutenir dans votre aventure.

Bien entendu, cela ne suffit pas à maintenir une dynamique de groupe mais c'est bien souvent l'élément déclencheur de toute réalisation de rêves ou de projets.

Être un soutien actif

La meilleure façon de savoir comment s'entourer de soutien actif, c'est d'en être un soi-même.

Ainsi vous comprendrez ce qui peut motiver un soutien actif et verrez en quoi cela apporte énormément de joie et de satisfaction personnelle que de soutenir quelqu'un dans la réalisation de sa quête.

Être un soutien actif ne veut pas dire juste motiver des personnes et les regarder en spectateur. C'est prendre part à des projets, s'engager et se mettre au service des autres pour les aider à atteindre leurs objectifs.

Être cohérent

Ce qui fait que de nombreuses personnes vous soutiendront dans vos projets, ce sera votre capacité à mettre en cohérence ces trois dimensions de votre être au monde :

- vos pensées et vos valeurs,
- vos paroles,
- vos actes.

Personne ne suivrait quelqu'un qui prétendrait avoir certaines valeurs mais ne les refléterait ni dans ses paroles ni dans ses actes, sauf si cette personne utilisait l'argent pour fédérer autour d'elle. L'argent, qui motive encore la plupart des gens à agir, est une des raisons pour lesquelles nous vivons dans un monde aussi incohérent. Si l'aspect financier disparaissait, les « leaders » de ce monde perdraient vite tout intérêt pour leurs activités.

Si des hommes inspirants ont pu rassembler des milliers de personnes pour des causes non lucratives, c'est grâce à la cohérence entre leurs valeurs, leurs paroles et leurs actes. Même si ce n'est pas une chose facile, efforcez-vous de garder une cohérence totale entre vos valeurs, vos pensées et vos actes. C'est là l'une des clés essentielles pour vivre une vie harmonieuse.

> Parmi les 4 postures présentées ci-dessus, quelles sont celles que vous pensez naturellement incarner aujourd'hui ?
> Portez votre attention sur les situations dans lesquelles vous avez adopté l'une de ces postures. Quel impact cela a-t-il eu sur votre entourage et votre environnement ?
> Dans les situations où vous avez su créer les conditions favorables pour atteindre un objectif, quelle attitude a été la plus déterminante ?
> Quels sont pour vous les axes d'amélioration et les postures qu'il vous serait utile de développer pour continuer votre épopée héroïque ?

TROISIÈME PARTIE

OSEZ… être audacieux en passant à l'action ! La méthode R.O.I.C. (Héroïque)

Dans cette partie, vous découvrirez comment vous servir de votre posture audacieuse pour emprunter le chemin vers vous-même.

Maintenant que vous possédez de nombreuses informations pour fouler le chemin de votre audace et partir chevaucher vos dragons hors de votre zone de confort, vous allez découvrir comment aborder la réalisation de vos rêves de manière très pratique et concrète.

Je vous présente une méthode que j'ai mise en œuvre dans la gestion des projets que j'ai initiés et qui a donné des résultats probants. Elle est le fruit d'une longue étude, d'une patiente mise en pratique qui m'a fait relier de nombreux concepts et méthodes que vous pourrez retrouver par ailleurs. Elle s'inspire largement des travaux de Joseph Campbell, auteur du livre *Le Héros aux mille et un visages*, de la philosophie de vie du célèbre Napoleon Hill, auteur du best-seller *Réfléchissez et devenez riche*, ainsi que de la méthodologie de projets alternative *Dragon Dreaming* créée par John Croft.

La méthode que je m'apprête à vous transmettre aura la force que vous serez prêt à mettre dans votre rêve. Plus votre motivation et votre désir seront élevés, plus cette méthode vous apportera des résultats importants.

Ce n'est pas une recette miracle avec laquelle vous n'aurez rien à faire pour que vos rêves prennent forme instantanément.

À l'issue de votre lecture, vous posséderez cependant toutes les clés pour expérimenter dans votre vie le fait que tout est possible. Si vous suivez scrupuleusement les étapes de cette méthode avec de la volonté, de la patience, du courage, de la persévérance et surtout beaucoup d'amour pour le monde qui vous entoure et vous-même, vos rêves deviendront votre réalité.

1. La méthode R.O.I.C. : un cycle de transformation individuelle pour que vos richesses intérieures se reflètent à l'extérieur

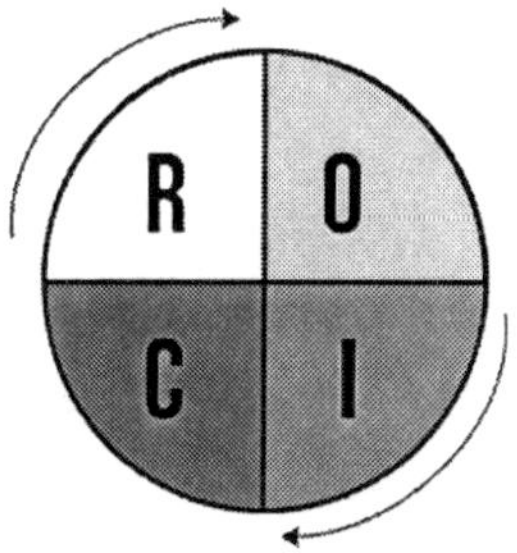

La méthode R.O.I.C. est rythmée par un cycle infini et fractal de 4 étapes :

- Rêve
- Organisation
- Implémentation
- Célébration

La méthode R.O.I.C. est une méthode de transformation individuelle organisée de façon à ce que vous puissiez avoir une vision globale à la fois de votre vie, mais aussi des projets que vous avez entrepris et que vous entreprendrez dans le futur. Elle vous permet de disposer de nouvelles grilles de lecture de votre quotidien et d'un cadre de référence structurant qui peut être partagé avec votre environnement.

Ce cadre de référence peut être utilisé dans divers domaines, comme par exemple :

- pour votre développement personnel ;
- au sein de votre couple, en partageant de nouvelles références communes (les 4 étapes, les dragons, la zone de confort, etc.) ;
- avec votre famille, afin de mener des projets de vie communs ;
- dans votre activité professionnelle ;
- au sein de votre association ou de votre entreprise avec tous les outils de méthodologie de projets que la méthode contient.

La méthode R.O.I.C. est suffisamment globale et intégrative pour pouvoir être appliquée à tous les aspects de votre vie. Cependant, dans le cadre de ce livre, nous nous contenterons de l'appliquer aux projets individuels (*cf.* p. 159, pour son utilisation lors de la réalisation d'un projet collectif).

Une approche interpersonnelle

La méthode R.O.I.C. intègre les 4 typologies de personnalités que l'on retrouve en chacun de nous. Afin de mieux comprendre son environnement et soi-même, il devient essentiel de porter son attention sur les fonctionnements psychologiques de chacune de ces personnalités. On peut ainsi trouver du sens aux conflits dont nous faisons tous l'expérience au quotidien.

La grande majorité des conflits interpersonnels proviennent de l'incompréhension de l'autre et de ses différences, d'où le jugement, le rejet, l'évitement ou l'indifférence qui s'ensuivent.

En étudiant les 4 grandes typologies de personnalités, vous comprendrez leurs fonctionnements respectifs et les différences qui peuvent mener aux conflits, voire à des réactions disproportionnées et peu constructives.

Il ne s'agit pas d'éviter le conflit, car il est naturel et source d'évolution, mais de l'accepter afin d'y apporter des réponses adaptées.

Les 4 typologies de personnalités

Le Rêveur

Le Rêveur est celui qui sera porté par des idéaux, avec une tendance à avoir de nombreuses idées et projets. Sa pensée transversale fait de lui une personne très créative et imaginative. Comme il est profondément relié au monde des idées, pour lui, tout est possible, même les rêves les plus fous. Il compte sur son enthousiasme et sa vitalité pour fédérer autour de lui. Il trouvera son épanouissement dans une vie qui a du sens et qui correspond à des valeurs et une éthique profondes.

Les caractéristiques du Rêveur : idéaliste, curieux, créatif, empathique, sensible, intuitif, enthousiaste, original, énergique, visionnaire.

Les défauts généralement reconnus :
Ne finit pas les nombreux projets entrepris.
Manque de réalisme.
Se décourage quand il est confronté à la réalité.
Peut prendre des décisions trop rapidement quand il est gouverné par l'affect.
Se désengage facilement dans l'épreuve.

L'Organisateur

Avant de se lancer dans une quelconque aventure, l'Organisateur veille toujours à ce que les choses soient bien organisées et planifiées. Il trouve sa motivation dans l'accomplissement de tâches spécifiques, tangibles. Sa communication est franche et directe. Il aime apprendre, découvrir de nouvelles connaissances théoriques. Il est essentiel pour lui de développer son intelligence et d'alimenter son mental.

Les caractéristiques de l'Organisateur : logique, perspicace, organisé, pragmatique, minutieux, stable, perfectionniste, réaliste, objectif, a le sens du détail, fin stratège.

Les défauts généralement reconnus :

Rencontre des difficultés à passer à l'action.

Rigidité mentale quand de nouvelles possibilités lui sont présentées.

Comportement froid, paraît insensible.

N'écoute pas beaucoup les autres et leur impose ses règles.

L'INITIATEUR ACTIF

L'Initiateur actif, est celui qui s'engage et passe à l'action. Il a besoin d'incarner les choses, d'avoir les mains sur l'ouvrage afin de rendre les idées et les rêves concrets. Il a un sens pratique très développé ainsi qu'une capacité d'adaptation hors du commun. Très débrouillard, il a besoin de résultats concrets et rapides, faute de quoi il risque de perdre sa motivation. Il a l'énergie d'un sprinteur plutôt que d'un coureur de fond.

Les caractéristiques de l'Initiateur actif :

Orienté vers l'action, énergique, habile, sportif, sociable, adaptable, coopératif, manuel, aventurier, travailleur, engagé, autonome.

Les défauts généralement reconnus :

Tendance à ne pas finir des projets qui demandent de la persévérance.

Manque de sensibilité.

Manque de profondeur et de patience dans la communication.

Manque de créativité.

Peu de considération pour les ressentis de son entourage.

Mauvaise organisation.

Éparpille son énergie dans différentes actions et causes.

Le Célébrant

Le Célébrant est celui qui vit l'instant présent. Il prête une attention particulière aux autres, se montrera toujours dévoué afin de faire plaisir. Sa modestie et sa profondeur font de lui une personne à qui il est agréable de se confier. Il est très sensible à l'esthétique qu'il aura à cœur d'exprimer dans ce qu'il entreprendra. D'un tempérament assez indépendant, il livre rarement ses opinions et ses jugements. Il préfère la voie de la sagesse, se remettant lui-même en cause dans tous types de situations.

Les caractéristiques du célébrant :

Profond, calme, méditatif, doux, sensible, loyal, original, modeste, intègre, bienveillant, serviable, généreux, diplomate.

Les défauts généralement reconnus :
Pense trop aux autres en se négligeant lui-même.
Manque d'objectivité et de réalisme.
Manque de légèreté.
Tendance à l'isolement.

Bien entendu, ces typologies de personnalités coexistent en chacun de nous. Même si vous ne pouvez résister à l'envie de vous identifier à tel ou tel profil, gardez à l'esprit que vous n'atteindrez un équilibre intérieur que lorsque ces différentes parties de vous-même cohabiteront sans que l'une domine les autres.

Avec la vision interpersonnelle R.O.I.C, il vous sera maintenant plus aisé de comprendre les interactions entre ces différentes personnalités. Les sources de conflits se retrouvent généralement entre les opposés. Ainsi, les Rêveurs ne font pas toujours bon ménage de prime abord avec les Initiateurs, les Organisateurs et les Célébrants peuvent avoir du mal à se comprendre, etc.

Une vision énergétique

L'approche énergétique de la méthode R.O.I.C. nous ramène à la dynamique fondamentale de tout organisme vivant : une phase d'inspiration suivie d'une phase d'expiration, une phase d'intégration puis une phase d'extériorisation.

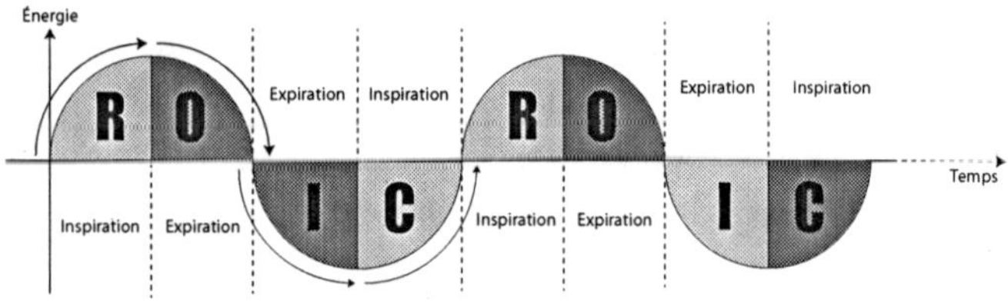

Les 4 étapes de la méthode R.O.I.C. respectent avec soin ces 2 temps (inspiration et expiration) afin de garantir un équilibre dans le projet de vie.

Dans l'étape du Rêve, nous sommes dans le temps de l'inspiration, la naissance de nos propres idées, l'élaboration de nos rêves. Mais aussi dans l'inspiration que nous puisons auprès des personnes qui sont des modèles d'audace et nous donnent envie de nous lancer à notre tour dans l'aventure.

Dans l'étape de l'Organisation, nous débutons le temps de l'expiration. Durant cette phase, nous allons planifier notre projet de départ. Cela va nous demander beaucoup d'attention, de concentration et de capacité à structurer nos idées.

Dans l'étape de l'Implémentation, nous poursuivons la phase d'expiration. Nous agissons, en donnant de notre temps et de notre énergie pour incarner notre rêve. Nous le confrontons à la réalité, nous l'expérimentons.

Et pour terminer, nous arrivons dans le temps de la Célébration, qui est de nouveau une inspiration. Là, nous reprenons de l'énergie en faisant une pause et en vérifiant la cohérence entre nos actes et notre intention de départ.

Chaque phase compte 2 temps d'action :
- à l'inspiration : Célébration et Rêve ;
- à l'expiration : Organisation et Implémentation.

Une méthode fractale

Cette méthode est dite fractale car à l'intérieur de chacune des étapes se retrouvent ces 4 mêmes étapes : « Le tout se retrouve dans la partie. »

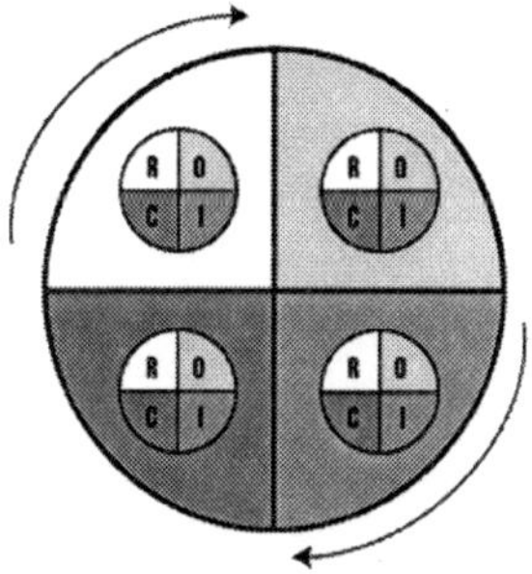

L'intérêt d'une méthode fractale est qu'elle permet, à chaque étape de votre vie, de recourir à ces 4 temps énergétiques autant de fois que possible, afin de maintenir votre équilibre et celui de votre projet.

En effet, partir explorer le territoire hors de votre zone de confort ne se fera pas en un claquement de doigt. Suivant la nature de votre aventure, cela peut prendre plus ou moins de temps. Il sera donc important de pouvoir repasser le plus souvent possible par ces 4 étapes. Votre équilibre ainsi maintenu, vous ne vous épuiserez pas à mi-parcours.

Par exemple, dans l'étape du Rêve, vous traverserez les 4 étapes R.O.I.C. avant de vous lancer dans l'étape de l'Organisation. Nous pourrions donc dire qu'à chaque fois que vous aborderez une nouvelle étape, vous l'aborderez après une étape de Célébration. Vous maximiserez ainsi les chances de réussite de vos prochaines entreprises.

En suivant le processus de la méthode R.O.I.C. détaillé plus loin, vous découvrirez tout l'intérêt d'un retour régulier à la célébration.

2. L'étape du Rêve : l'appel du cœur

Dans cette première étape, vous êtes dans votre zone de confort. La vie suit son cours. Pas d'épreuve particulière, ni de réalisation extraordinaire. Pour certains, cette zone reste confortable, tandis que pour d'autres, c'est l'inconfort. L'appel du cœur se fait alors entendre. Au détour d'une rencontre, d'une lecture ou d'une pensée. On le reconnaît aisément, car il vient perturber l'ordre établi.

Les bonnes réponses viennent de bonnes questions

Avant de vous lancer, il va vous falloir identifier clairement cet appel du cœur, être sûr qu'il s'agit de cela, afin d'éviter de tout chambouler autour de vous pour un simple désir passager.

Dans un premier temps, voici donc les questions à vous poser :

Qu'est-ce que cet appel du cœur remet en question dans ma vie ? Pourquoi est-ce que je souhaite changer cette situation dans ma vie ? Quel est le degré d'inconfort, intérieur ou extérieur, que crée cette situation ? Prenez le temps de rêver à quoi ressemblerait votre vie une fois que vous aurez transformé cette situation inconfortable.

Pour vous y aider, répondez à cette question : Quelle vie auriez-vous en écoutant cet appel du cœur et en l'incarnant dans votre vie ?

Il est important que vous notiez toutes les sensations qui accompagnent votre visualisation. Cela peut prendre la forme d'images, de ressentis corporels, d'odeurs, de sons. Laissez-vous imprégner par elles, car plus vous vivrez cette expérience dans votre corps, plus ce rêve deviendra tangible et possible dans sa réalisation.

Évaluez votre niveau de motivation

Une fois que l'objet de votre quête a été déterminé, il est temps de vous préparer à votre voyage hors de votre zone de confort. Aucun changement ne s'opérera dans votre zone de confort, rappelez-vous-en !

Si votre niveau de motivation ne dépasse pas un certain seuil, vous n'oserez pas sortir de votre zone de confort, car vous savez ce qui vous attend dehors : une cohorte de dragons !

Cependant, si votre motivation dépasse votre niveau d'inconfort, vous pourrez entrer en contact avec un désir ardent. Et c'est ce désir ardent, venant du plus profond de vous-même, qui vous donnera la force et le courage d'entamer votre épopée héroïque. C'est ce désir ardent qui vous fera puiser dans vos ressources pour faire émerger des potentialités dont vous n'étiez pas encore conscient. C'est ce désir ardent qui vous fera endosser ce rôle de héros, le héros de votre propre vie.

Ce désir est le fruit de deux énergies opposées : d'un côté, le profond mal-être provoqué par votre situation actuelle et, de l'autre, la situation rêvée. Plus vous aurez identifié avec clarté aussi bien la problématique que vous souhaitez quitter que le rêve que vous souhaitez atteindre, plus votre désir sera ardent. C'est grâce à ce désir que votre détermination sera à la hauteur de l'épreuve.

Une attitude mentale déterminée

Le seul moyen d'obtenir ce pour quoi vous allez dans la zone de mystère, c'est de développer une attitude mentale déterminée. Sans elle, vous n'avez que peu de chance d'atteindre l'objet de votre quête. Une attitude déterminée vous permettra de donner un cap à votre mental, sans quoi il ne saura où vous amener. Elle vous assurera de traverser les futures épreuves, d'accepter les échecs temporaires et d'affronter les dragons qui vont se présenter. Elle vous permettra de rester sur votre chemin, quoi qu'il arrive. Imaginez-vous un héros qui n'ait pas pris une décision ferme et irrévocable ?

Vous vous demandez comment développer une attitude déterminée ? La réponse réside dans le choix que vous ferez.

Expérimentez la liberté dans le choix

La raison pour laquelle il nous est difficile d'emprunter le chemin de notre audace c'est que cela implique un choix.

Écouter l'appel du cœur est exigeant : cela nous demande de transformer une situation inconfortable. Développer une attitude déterminée, c'est choisir de ne pas se laisser distraire par le chant des sirènes autour de nous. Affronter ses dragons, c'est décider d'être confronté à ses peurs et faiblesses. Avoir l'audace de vivre la vie de ses rêves, c'est parfois faire le choix de changer d'environnement. Vous l'avez compris, la vie n'est faite que de choix.

Mais nous associons bien trop souvent cette idée de choix à une restriction. Pour beaucoup, un choix est un dilemme ; dans le pire des cas, il est subi. On laisse ses proches ou une situation décider pour soi. Cela s'appelle un non-choix ou encore un choix par défaut. Pourtant, c'est dans le choix que nous pouvons expérimenter la liberté. Car c'est parce que je peux choisir que je me sens libre.

En décidant d'écouter l'appel de votre cœur et d'entendre ce qui résonne au plus profond de vous-même, vous expérimenterez que tout est possible dans la vie. Il n'existe aucune barrière pour vivre la vie de nos rêves, si ce n'est nos propres barrières mentales. Choisissez d'être plus audacieux, choisissez d'atteindre le but que vous vous êtes fixé, et vous verrez que vous ne serez plus attiré par les distractions habituelles qui vous incitent sans cesse à regagner votre zone de confort.

Réactivez votre motivation par l'inspiration

Vous savez par expérience qu'il est difficile de garder le même niveau de motivation tout au long d'une aventure. Simplement parce qu'une aventure audacieuse peut être longue et que la motivation ne peut pas conserver la même intensité à chaque instant.

En maintenant votre attention sur l'objectif final de votre quête, vous permettrez à votre mental de rester focalisé avec précision sur le cap défini. C'est en sachant où vous allez et pourquoi vous y allez que vous pourrez réactiver votre motivation à n'importe quelle étape de votre aventure.

Mon premier conseil, simple et pratique, serait d'écrire l'objet de votre quête, votre rêve avec précision afin de pouvoir y avoir accès dès que vous en ressentez le besoin.

Ensuite, il vous sera nécessaire de vous octroyer des phases d'inspiration pour nourrir le sens de vos actions. Inspirez-vous de livres, de musiques, de personnes qui vous redonneront le courage et la force d'avancer. L'inspiration venant de l'extérieur pourra ensuite venir alimenter votre flamme intérieure et vous permettre d'entreprendre votre aventure héroïque.

C'est d'ailleurs souvent à l'aide d'une inspiration extérieure que l'on ose se lancer pour réaliser notre appel du cœur. Joseph Campbell mentionne dans son livre *Le Héros aux mille et un visages* la présence d'un mentor, qui aide le héros à quitter son monde ordinaire pour rejoindre le monde extraordinaire et y rechercher l'objet de sa quête. Votre mentor prendra peut-être la forme d'une personne. Mais cela peut tout aussi bien être un livre, une phrase, un mot qui résonnera particulièrement fort en vous, et qui vous insufflera l'élan pour vous lancer.

Pour récapituler cette première étape du Rêve :

1) Écoutez votre appel du cœur (R)
2) Identifiez précisément à quel inconfort cet appel du cœur fait référence et quel est l'objet de votre quête, le rêve à atteindre (O)
3) Développez une attitude déterminée pour faire des choix (I)
4) Pensez à vous inspirer pour réactiver votre motivation (C)

Comme vous avez pu le remarquer, au sein de cette première étape du rêve, nous avons déjà traversé les 4 étapes de la méthode R.O.I.C. Prenez le soin de vérifier que vous avez bien respecté ces 4 temps afin de réduire au maximum les écueils que vous pourriez rencontrer à cette étape.

Les écueils de cette étape :

- Ne pas savoir entendre l'appel du cœur.
- Avoir trop de rêves et ne pas savoir donner la priorité aux plus importants.
- Prendre les rêves des autres pour les siens.
- Ne pas trouver suffisamment de motivation pour oser se lancer.
- En parler trop vite autour de soi.

3. L'étape de l'Organisation : préparez votre sortie hors de votre zone de confort

Dans cette étape, vous vous apprêtez à sortir de votre zone de confort pour entrer dans la zone de mystère. Vous allez probablement rencontrer vos premiers dragons.

Nous allons voir ensemble de quelle préparation vous avez besoin pour explorer la zone de mystère. Cette préparation vous concerne autant qu'elle concerne votre environnement, car cette sortie aura un impact direct sur votre environnement, et vice-versa.

La liste de votre équipement

Si nous reprenons la métaphore de l'aventure héroïque, il sera bon de vous équiper d'un sac à dos contenant l'équipement de base suivant :

Du feu (votre enthousiasme)

Sur votre parcours héroïque, vous serez amené à traverser des moments de doute, d'échecs temporaires et aussi à contacter vos parts d'ombre. Vous serez alors heureux de retrouver dans votre sac votre enthousiasme pour vous éclairer et vous réchauffer, vous et les personnes qui vous accompagnent dans cette aventure.

Un couteau suisse
(vos compétences et expériences)

Il est très important de ne pas oublier, voire de laisser consciemment derrière soi, quelque chose qui ne pèsera pas dans votre sac : vos expériences et vos compétences acquises. Même si, de prime abord, vous ne pensez pas en avoir besoin. Vous me direz qu'il est impossible de laisser derrière soi ses expériences ? J'ai pourtant vu des personnes refuser d'utiliser des compétences qu'elles avaient développées dans un métier ou des études passés, et qui ne leur convenaient plus. Elles se coupaient elles-mêmes du potentiel de transfert de ces compétences vers un projet qui leur tenait à cœur.

Une corde (le fil d'Ariane de votre rêve ou projet)

Mettre dans votre sac à dos une corde de sécurité sera utile si vous l'attachez à votre point de départ. Cette corde sera là pour vous rappeler d'où vous venez et surtout pourquoi vous vous êtes engagé sur ce chemin audacieux. Vous pourrez vous y accrocher à chaque épreuve, à chaque difficulté.

Une gourde d'eau
(la ressource financière de vos rêves ou projets)

Sans gourde d'eau, vous n'allez pas aller bien loin sur votre chemin. L'argent est une ressource essentielle pour réaliser des projets dans ce monde. Or si votre rapport avec lui n'est pas sain (en vouloir trop, ne pas en vouloir du tout, estimer que l'argent est sale, qu'on ne le mérite pas...), vous risquez de mettre en péril votre voyage et la concrétisation de votre rêve. Pour aller au bout de votre quête, il vous faudra mettre de la lumière et de la conscience sur votre rapport à l'argent pour ensuite l'assainir si nécessaire, afin d'accueillir cette ressource vitale dans votre vie de manière fluide et en quantité suffisante. Cela ne veut pas dire que votre gourde doit être pleine au départ. Vous aurez l'occasion tout au long du parcours de vous en procurer : des gouttes de rosée ou des fontaines. Autant d'opportunités qu'il vous faudra saisir pour remplir à nouveau votre gourde d'eau.

Une tente
(le foyer protecteur et régénérant)

Être un audacieux, c'est aussi savoir prendre soin de soi. C'est pour cela que votre sac à dos devra contenir une tente, un endroit où vous pourrez vous ressourcer en toute sécurité et en toute intimité.

Il faut prendre soin de soi en prenant soin de son chez-soi. L'ordre et l'harmonie des lieux où vous allez passer le plus clair de votre temps pour mener à bien votre projet se devra d'être aussi inspirant et ressourçant que possible.

Votre boussole (la méthode R.O.I.C.)

La méthode R.O.I.C. en 4 étapes se veut être une réelle boussole. Elle vous apportera les informations essentielles pour ne pas vous perdre tout au long de votre chemin.

Vous voilà maintenant équipé de tout ce dont vous allez avoir besoin pour fouler en conscience ce chemin audacieux.

Établissez une stratégie et une bonne organisation

Dans votre sac à dos, vous avez mis une boussole. Mais cette boussole n'aura d'utilité que si vous possédez une carte pour atteindre votre objectif.

Préparez-vous toujours avec soin avant de sortir de votre zone de confort. Le manque de préparation est une des causes d'échec.

Quand je parle de stratégie et d'organisation, cela n'implique pas de fixer son voyage de façon immuable. Cependant, il convient de prévoir au maximum les risques que vous encourez à sortir de votre zone de confort, tout en prenant en compte les contraintes qui restent les vôtres au sein de celle-ci.

> Que devez-vous mettre en place pour concilier cette nouvelle aventure tout en assumant votre réalité du moment ?
> Quel temps vous donnez-vous pour effectuer ce voyage ? De quelles finances disposez-vous pour le mener à bien ? Quelles limites vous donnez-vous pour maintenir un équilibre entre vos aspirations profondes, l'appel de votre cœur et votre vie actuelle ?

Voici les questions auxquelles il vous faudra apporter des réponses claires, avant de vous projeter hors de votre zone de confort.

Fédérez les ressources autour de vous

Pour réussir à fédérer des personnes autour de votre rêve, vous allez devoir le partager. Ce n'est pas toujours le moment le plus facile, surtout si vous avez expérimenté par le passé un accueil difficile de la part de votre entourage.

Commencez par établir la liste des personnes qui vous entourent et définissez selon vous quel type de soutien ou d'opposant chacun pourrait être, en lien avec l'objectif que vous souhaitez atteindre. L'idée n'est pas de les figer dans une catégorie, mais de faire l'état de la façon dont vous percevez votre environnement. En faisant, autant que possible, preuve de lucidité. Ensuite, il vous faudra aller le confirmer auprès des personnes concernées.

> Les questions pour vous y aider :
> Qui pourrait se positionner en soutien ou en opposant face à mon projet ? Quel enjeu représente ma prochaine aventure pour mon environnement ?

Il vous faudra être certain que votre rêve soit clair et ancré en vous pour ne pas prendre personnellement les réactions de votre entourage. Cela pourrait vous déstabiliser au point de remettre en question votre appel du cœur.

Les informations que votre environnement vous transmettra seront les premières épreuves que vous devrez affronter. Mais vous allez pouvoir vous en servir pour améliorer votre préparation avant la grande sortie dans la zone de mystère.

Soyez à l'écoute de vos ressentis face à la réponse de votre environnement. Faites le tri entre ce qui peut vous être utile pour affiner votre itinéraire et les peurs de vos proches. Restez aligné et déterminé à atteindre votre objectif. Reconnectez-vous autant qu'il le faut à votre rêve initial et au but à atteindre pour ne pas vous décourager.

Pour récapituler cette deuxième étape de l'Organisation :

1) Faites la liste de votre équipement de base (C)
2) Partagez votre rêve autour de vous (R)
3) Établissez une bonne stratégie pour prendre en compte votre réalité du moment (O)
4) Mettez en place l'organisation nécessaire en lien avec votre stratégie (I)

Les écueils de cette étape de l'Organisation :

- Se précipiter hors de sa zone de confort en pensant que les réponses viendront en avançant, sans aucun plan défini au préalable.
- Prendre personnellement les critiques et retours de son environnement puis baisser les bras.
- Rester bloqué à l'étape de l'organisation en ne se sentant jamais suffisamment prêt pour franchir le pas.

3. L'étape de l'Implémentation : chevauchez vos dragons dans la zone de mystère aux côtés de vos alliés

Ça y est, vous avez osé et je vous célèbre. Vous entrez maintenant dans la zone de mystère où vous rencontrerez vos premiers dragons. Vous allez aussi vous ouvrir à ce monde extraordinaire où tout est possible. Absolument tout. Hors de la zone de confort, vous découvrirez la magie de la vie. Une série de synchronicités et des rencontres aussi improbables et enrichissantes les unes que les autres. Vous vous apercevrez que, hors de cette zone de confort, vous retrouvez une grande vitalité, et les premiers signes ne tarderont pas à se faire sentir sur votre posture et votre énergie.

En contrepartie de cet apport d'énergie vital, vous comprendrez vite que ce n'est pas tous les jours de tout repos. Personne n'a dit que devenir le héros de sa propre vie était facile. Mais l'important, c'est que vous sachiez pourquoi vous donnez de votre temps et de votre énergie dans ce nouvel univers des possibles. Rappelez-vous que lorsque vous allez rencontrer votre premier dragon, il ne sera pas là pour vous barrer le chemin, pour vous empêcher d'aller plus loin, mais au contraire pour que vous puissiez le chevaucher et acquérir toute sa force et sa puissance. La vie nous offre à chaque confrontation la possibilité d'exprimer les potentialités qui sommeillent en nous. Ce sera à vous de les révéler.

Rappelez-vous aussi souvent que possible que vous êtes dans cette zone de mystère parce qu'un jour vous avez osé écouter l'appel de votre cœur. Parce qu'un jour vous avez accepté de vous connecter à vos aspirations profondes.

Comme la vie est bien faite, chaque épreuve rencontrée dans cette étape d'Implémentation vous sera présentée parce que vous serez en capacité de la surmonter.

L'échec comme nouvelle perspective évolutive

Ce qui peut nous empêcher de sortir de notre zone de confort, c'est notre peur de l'échec. Et c'est normal. Avouons que notre image de l'échec ne donne pas envie d'y être confrontés. Rappelez-vous à l'école, si vous ne réussissiez pas un devoir, vous aviez une mauvaise note. Et avoir une mauvaise note, ce n'est pas bien vu. Il arrivait même que ceux qui collectionnaient les mauvaises notes soient punis, soit par l'enseignant, soit par les parents. Jadis, on les promenait même avec un bonnet d'âne. Nous avons donc associé l'idée d'échec à quelque chose d'indigne et pour lequel nous risquerions de ne pas être aimé. Alors, dans notre vie, nous cherchons un maximum à réussir ou, au moins, à éviter d'échouer.

Maintenant, je vais vous inviter à percevoir l'échec d'une autre manière. Socrate disait : « La chute n'est pas un échec. L'échec est de rester là où l'on est tombé. » En décidant de sortir hors de votre zone de confort, vous allez devoir apprendre à échouer pour vous relever, de plus en plus vite, pour aller de plus en plus haut. Vous ne parlerez donc plus d'échec, mais d'échec temporaire, préparant l'accueil de la réussite.

Rares sont les personnes qui réussissent une entreprise du premier coup. Les grands hommes et femmes qui ont marqué notre histoire ont été au bout de leurs rêves en passant par des traversées du désert, des moments très difficiles où rien ne laissait entrevoir une issue favorable, avant de voir leurs rêves s'incarner. C'est leur détermination, leur pugnacité et leur foi en leurs rêves qui leur ont permis d'atteindre leurs objectifs. C'est parce qu'ils ont pu se relever d'une situation d'échec temporaire qu'ils ont été en mesure ensuite d'accueillir la réussite.

En sortant de votre zone de confort, vous risquez de traverser des moments difficiles, de doute, où vous serez tenté de tout abandonner. Vous ne vous sentirez peut-être plus capable de chevaucher un nouveau dragon encore plus effrayant que les autres. Ce sentiment est normal.

Apprenez donc à échouer pour intégrer dans vos cellules cette étape qui fait partie du chemin de la vie. Ne la fuyez surtout pas. Entraînez-vous à échouer en passant à l'action, car c'est par l'action que vous mettrez à l'épreuve votre méthodologie, vos pensées et vos idées. Ce n'est pas en restant chez soi à rêver d'une vie meilleure, en pratiquant la « loi de l'attraction » qu'il se passera des choses magiques. C'est en passant à l'action.

Osez donc passer à l'action, commettre des erreurs. Dans la prochaine étape, la Célébration, vous pourrez faire fructifier ces échecs pour accueillir durablement la réussite.

Avancer dans une logique de petits pas

C'est seulement à partir du moment où vous accepterez de faire des erreurs et d'être confronté à des échecs temporaires que vous oserez adopter une posture audacieuse pour chevaucher vos dragons et obtenir l'objet de votre quête.

Hors de votre zone de confort, vous aller rencontrer de très nombreux dragons. Ils seront plus ou moins grands, plus ou moins effrayants.

Au départ, je vous encourage vivement à commencer par chevaucher de petits dragons de faible envergure. À segmenter l'organisation de votre épopée en une succession de petits objectifs à atteindre. Cela vous évitera de rester figé devant l'ampleur de la tâche à accomplir.

C'est souvent ce qui se passe lorsqu'on se lance dans un nouveau projet. On s'est équipé de tout son enthousiasme, dans l'étape du rêve ou dans l'étape de l'organisation. Mais quand il s'agit de passer à l'action, d'implémenter ce que l'on a prévu, on commence à se donner toutes les excuses du monde pour ne pas quitter sa zone de confort. Parce qu'on prend peur dès qu'on pointe le bout de son nez dans la zone de mystère.

Cependant, si nous décidons de suivre le processus élaboré dans l'étape de l'organisation, où nous avons planifié, mis en place une stratégie, alors nous n'avons plus qu'à suivre le plan pas à pas. Nous savons pourquoi nous avançons grâce au travail effectué dans l'étape du rêve. Nous savons comment l'atteindre grâce à l'étape de l'organisation. Et maintenant nous pouvons avancer pas à pas sans nous soucier des dragons qui se présenteront plus tard.

Si vous avez bien fait votre plan, vous commencerez par de petits dragons. Vous gagnerez en confiance en constatant que vous avancez selon votre plan.

Conseil pour avancer à petit pas : Les Topla
Au sein de mon projet des Audacieux, je propose à chacune des rencontres, des conférences et des formations que les personnes présentes fassent un Topla pour oser passer à l'action et avancer vers leurs objectifs.
Chez Les Audacieux, le Topla est un acte qui permet de s'engager auprès d'une autre personne (connue ou pas) dans le but d'atteindre deux objectifs :
– réaliser un objectif atteignable au bout de deux semaines ;
– aider l'autre personne à atteindre son objectif en devenant un soutien actif pour elle.

Ce processus doit bien entendu être réciproque pour fonctionner. Par exemple, je me souviens, lors d'une conférence, de deux personnes qui ne se connaissaient absolument pas. Elles furent tirées au sort pour s'associer sur un Topla d'une durée de deux semaines. L'une devait faire ses comptes qui traînaient depuis plusieurs semaines, voire plusieurs mois, car elle trouvait toujours un prétexte pour ne pas les faire. L'autre personne souhaitait depuis longtemps prendre le temps d'appeler un ami cher.

En s'engageant mutuellement, l'une et l'autre se sont entraidées et se sont motivées pour atteindre leurs propres objectifs. Par ce processus simple, elles ont chacune atteint leur but dès le lendemain ! Cela qui leur a permis de s'engager sur trois nouveaux Topla durant les deux semaines. Elles étaient très surprises de constater à quel point le Topla était une façon simple et efficace à la fois de rencontrer de nouvelles personnes avec un bon état d'esprit, et de pouvoir avancer, par une logique de petits pas, dans des aspects de leurs vies qui semblaient à l'arrêt depuis longtemps.

Chevauchez vos dragons : l'heure est venue

Vous avancez à petits pas dans votre zone de mystère et, pour l'instant, tout va bien. Vous pensez alors que ce n'est pas si compliqué que ça d'être hors de sa zone de confort. Et à ce moment-là, un dragon surgit de nulle part pour vous barrer le chemin. Ça y est, nous y voilà !

Cela fait quelque temps que je vous parle de dragons, et peut-être n'aviez-vous qu'une vague idée de ce qu'ils étaient. Mais maintenant que vous êtes confronté à l'un d'entre eux, il n'y a plus de doute. Les dragons existent bel et bien. Vous en avez la preuve.

En revanche, difficile de faire valider cette rencontre par des services vétérinaires, parce que l'animal est dans votre esprit. Personne d'autre ne peut le voir.

Mais sachez que, même si ce dragon est en vous, il se manifestera au travers de votre environnement. C'est paradoxal, j'en conviens, mais c'est souvent comme cela que ça se passe. C'est un de vos proches qui portera le masque de votre dragon. Mais il n'en sera que le messager.

Ce sera peut-être votre compagnon ou votre compagne, une personne de votre famille, un de vos collègues, un employé d'une administration, votre banquier... Bref, toute une liste de responsables à pointer du doigt.

Puisque nous avons vu que nos dragons, experts en déguisement, prenaient différents visages, il s'agira de ne plus accabler son environnement. Le premier réflexe à avoir sera plutôt de s'en référer directement au dragon qui vit à l'intérieur de soi.

Être à l'écoute de ce qui se passe à l'intérieur de soi

Lorsqu'un dragon surgira, vos émotions vous l'indiqueront par certains signaux. Peut-être allez-vous être mis au défi par votre entourage qui cherchera à vous décourager face à votre nouvelle aventure. Le dragon viendra tester votre détermination et votre foi en votre projet. La présence d'un dragon se reconnaît notamment à certains signes : votre tendance à écouter votre entourage et à laisser tomber votre projet. Ou à douter de vous par peur de ne plus être aimé par ceux qui vous entourent. Ou bien, à un sentiment soudain de solitude.

Face à un dragon, il est normal d'avoir peur, de vouloir remettre tout votre projet en cause, ou vous-même d'ailleurs. Désormais, cependant, vous savez où se trouve le trésor. Il est derrière le dragon, pas à côté.

Qu'est-ce que ce dragon cache comme trésor ? Une nouvelle potentialité en moi qui a besoin d'émerger ? Vous avez raison. Ce dragon, un fois chevauché, vous permettra d'acquérir une nouvelle compétence, de mettre à jour vos potentialités latentes.

Ce ne sera pas tous les jours simple ni confortable. Pour parvenir à chevaucher vos dragons graduellement, vous devrez utiliser votre arme la plus redoutable.

Une communication sincère et authentique, avec vous-même et votre environnement

En faisant le choix d'être le plus transparent possible sur ce que vous traversez, vous découvrirez la puissance de la vulnérabilité. En effet, c'est parce que vous accepterez d'être vulnérable que vous pourrez avancer sur votre chemin. Partager ce que vous ressentez, vos peurs et vos doutes. Vous serez bientôt surpris de constater que vos projections sur votre environnement ne sont pas toujours fondées. Et c'est parce que vous oserez évoquer avec courage les sujets qui fâchent avec vos proches que vous deviendrez maître dans l'art de chevaucher vos propres dragons.

Personne ne souhaite vous voir échouer. Mais si vous le croyez, entamez une discussion authentique et sincère avec la personne concernée. Vous ne tarderez pas à découvrir que son souhait de vous voir échouer, si elle en convient, n'est motivé que par ses propres peurs.

Osez être qui vous êtes vraiment.
Osez contacter la richesse intérieure
que vous possédez pour la révéler à l'extérieur.
Le monde en a plus que jamais besoin.

Par votre courage et votre détermination, vous ne tarderez pas à obtenir l'objet de votre quête, en essuyant pas à pas certains échecs temporaires et en vous entourant d'une belle équipe d'alliés. Vous allez pouvoir revenir dans votre zone de confort avec toutes ces nouvelles richesses. Vous pourrez les partager et les mettre au service de vos proches pour les aider à cheminer, à oser, à leur tour sortir de leur zone de confort. Afin qu'ils puissent à leur tour, révéler leur force, leur puissance et leur beauté héroïque.

Pour récapituler cette troisième étape de l'Implémentation :

1) Développez un nouveau regard sur l'échec pour l'apprivoiser (R)
2) Utilisez une stratégie de petit pas jusqu'à l'obtention de l'objet de votre quête (O)
3) Chevauchez vos dragons un à un (I)
4) Soyez à l'écoute de ce qui se passe à l'intérieur de vous et de votre environnement et entamez une communication sincère et authentique (C)

Les écueils dans cette étape de l'Implémentation :

- Vouloir aller trop vite et se retrouver confronté à un dragon de grande envergure au lieu de commencer par de petits dragons.
- Procrastiner, retarder le passage à l'action pour ne pas être confronté à ses dragons, aux échecs temporaires et, surtout, à ses réussites.
- Rester bloqué dans l'étape de l'Implémentation et ne pas passer à l'étape suivante, la Célébration, le plus souvent possible.

5. L'étape de la Célébration : avant toute chose, célébrez-vous

Après avoir chevauché des dragons, développé de nouvelles compétences et révélé de nouvelles richesses intérieures, il vous faudra penser régulièrement à célébrer votre parcours et vos avancées héroïques.

La culture de la Célébration dont je parle dans la méthode R.O.I.C. ne se résume pas à faire la fête avec tous vos amis et votre entourage chaque fois que vous aurez dompté un dragon. Il s'agit plutôt de fêter ces avancées en vous-même.

Bien entendu, cela n'empêche pas de le fêter à l'extérieur. D'ailleurs, je trouve pour ma part que c'est une jolie façon de rassembler les gens que l'on aime autour de soi, plutôt que de les rassembler le jour de son anniversaire, qui ne nous a demandé aucun effort, ni courage. Nous pouvons passer quelques années sans grandir à l'intérieur. Mais lorsqu'on ose se mettre en chemin pour réaliser ses rêves, déterminé à aller jusqu'au bout, croyez-moi, on grandit à coup sûr.

La culture de la Célébration

La Célébration est l'acte de créer un espace-temps particulier où l'on porte son attention sur un événement, une relation ou une personne afin d'en extraire une expérience positive ou négative.

Cet acte permet à celui qui l'intègre dans son quotidien de redevenir acteur de sa propre vie en portant sa conscience sur les événements, sur leurs raisons d'être et sur les messages que l'existence lui offre pour continuer à cheminer.

La culture de la Célébration, c'est savoir dire « MERCI » et « OUI » à tous les défis, toutes les épreuves que la vie nous propose, aussi inconfortables soient-elles. C'est faire le bilan de sa journée, de ses projets personnels et/ou professionnels, de sa vie afin de vérifier qu'une vraie cohérence existe entre ce que l'on pense, ce que l'on dit et ce que l'on fait.

La Célébration nous permet aussi de nous ressourcer, en reprenant une précieuse inspiration dans un quotidien où tout va très vite.

Intégrer la culture de la Célébration dans sa vie apporte un nouvel élan. C'est un peu comme si vous arrêtiez de fumer et que vous commenciez à retrouver votre goût et votre odorat.

La Célébration se fait lorsque vous avez rencontré un nouveau dragon, fait une rencontre spéciale, lorsque vous vivez un moment particulièrement positif ou négatif et que vous souhaitez transformer ce moment en une expérience utile pour le futur. Mais je conseille généralement de faire de la Célébration un acte quotidien afin que chaque journée puisse contribuer à notre propre évolution. Le moment propice à cette Célébration est plutôt la fin de journée. C'est important de savoir prendre le temps de voir ce qui s'est passé. D'observer les épreuves que l'on a traversées ou que l'on a subies. De refaire le fil de sa journée en tant qu'observateur de sa propre vie. D'identifier les dragons que l'on a pu rencontrer dans la journée et de se rappeler nos comportements face à eux. En examinant les événements de la journée, nous nous donnons l'opportunité d'améliorer les choses pour la suite. C'est parce qu'on s'est vu réagir face à un dragon que l'on pourra faire le choix d'agir différemment la prochaine fois et réussir ainsi à le chevaucher.

La culture de la Célébration au quotidien est la meilleure façon de redevenir l'acteur de sa propre vie, en subissant de moins en moins nos schémas et fonctionnements par défaut, ceux qui nous gouvernent à notre insu.

Comment utiliser le pouvoir de la célébration : le concept M.E.R.C.I.

Le pouvoir de la Célébration réside simplement dans la capacité à appuyer sur le bouton STOP du déroulement de sa vie. Réussir à lever la tête du guidon, tandis qu'autour de nous le monde poursuit sa course effrénée.

Mais avouons que réussir à se placer dans une posture d'observateur n'est pas chose facile. Surtout lorsque nous devons le faire pour nos propres projets ou au sein de nos relations.

Je vous propose un processus que vous pourriez très bien mettre en place dans votre vie afin d'utiliser le pouvoir de la Célébration. C'est le processus M.E.R.C.I. :

- Mise à l'arrêt
- Écoute
- Remerciement
- Centrage
- Intention

Mise à l'arrêt

Lorsque vous décidez de faire une Célébration, vous devez faire une « mise à l'arrêt », c'est-à-dire arrêter de FAIRE ! À ce moment précis, vous examinez l'état de la situation.

Cette mise à l'arrêt n'est pas chose facile lorsque nous sommes en prise directe avec nos émotions. Cela demande du temps et de la pratique de réussir à utiliser le concept M.E.R.C.I. dans le feu de l'action, au moment même où une célébration est utile pour prendre de la hauteur. Mais vous vous apercevrez qu'avec le temps, et surtout en faisant le choix d'utiliser le concept M.E.R.C.I., vous pourrez de plus en plus vite appliquer cette mise à l'arrêt pour éviter de vous embarquer dans des situations compliquées.

Écoute

Maintenant que vous avez réussi à arrêter ce que vous étiez en train de faire, vous pouvez commencer à porter votre attention sur ce qui se passe autour de vous, mais aussi à l'intérieur de vous. Des émotions qui vous traversent, des ressentis, des sensations physiques. Quelle que soit la nature de ce que vous entendez en vous et à l'extérieur de vous, apprenez à écouter, en laissant les jugements et critiques vous traverser l'esprit. Observez simplement ce qui vous entoure pour que cette situation, qu'elle soit positive ou négative, agréable ou inconfortable, puisse être vécue dans sa totalité et en pleine conscience.

> Quelle est la situation dans laquelle je me trouve ici et maintenant, de manière factuelle ?
> Qu'est-ce que je ressens face à cette situation ?
> Quelles émotions agissent en moi ?
> Suis-je dans une situation qui se répète ?

Remerciement

J'accueille tout ce qui m'arrive en disant « Oui » à la vie. Je ne suis pas encore dans l'analyse de ce qui m'arrive. Je ne fais qu'accueillir la situation telle qu'elle se présente. Dans cette étape, je ne cherche pas à faire une analyse de la situation car elle risquerait d'être teintée de l'émotion qu'elle a pu faire émerger en moi. Je suis dans l'euphorie, suite à une merveilleuse rencontre, suite à un week-end particulièrement ressourçant. Ou bien, je sors d'une dispute avec mon compagnon ou ma compagne, d'une réunion qui a mal tourné. Il est trop tôt pour analyser l'émotion, elle n'a pas fait son chemin en moi.

Centrage

Je rassemble toutes les différentes parties de moi-même, celle mue par la colère, par la tristesse, par la peur, par la joie et je ne cherche pas à donner plus d'importance à l'une d'entre elles. Je cherche à me connecter à l'idée de départ pour laquelle je me trouve dans cette situation, afin de retrouver du sens à mon action et à cette épreuve.

C'est dans cette étape de recentrage où je vais pouvoir identifier si je suis toujours cohérent avec mon idée de départ. C'est à ce moment que je ferai appel à ma cohérence pour aligner mes pensées, mes paroles et mes actes. C'est peut-être ici que je vais me rendre compte que je ne suis plus du tout aligné avec le rêve ou le projet initial et il me conviendra de décider de le réajuster ou de l'arrêter pour réenclencher ma motivation et mon enthousiasme.

Intention

Une fois le centrage fait, je peux maintenant poser mon analyse et mon intention pour initier un pas vers un nouveau cycle.

Ce nouveau cycle sera soit la continuité d'un projet en cours de réalisation, soit une nouvelle aventure avec un équipement approprié. L'intention portée ici est la frontière entre l'étape de la Célébration et l'étape du Rêve. L'intention est le terreau fertile qui permet à mon projet de s'incarner. Sans elle, mes idées resteraient éparses, sans forme, et obtiendraient peu d'adhésion de la part de mes soutiens.

L'intégration de ce processus sera très utile pour certains, et peut-être moins pour d'autres. Quoi qu'il en soit, je vous invite à construire vos propres outils, vos propres processus, vos propres rituels, pour avancer sur votre chemin de vie.

Pensez à alléger votre sac à dos pendant votre voyage

Au cours de votre épopée héroïque, vous ne cesserez de faire des allers et venues entre votre zone de confort et la zone de mystère. Mais vous aurez toujours avec vous l'équipement de base décrit dans l'étape de l'organisation.

Au cours de la réalisation de votre projet, vous risquez de vous retrouver avec un sac dont le contenu ne correspond plus à vos besoins. Vous l'aurez peut-être trop chargé, ou pas assez.

Avant de repartir pour une nouvelle aventure dans la zone de mystère, la suite de la réalisation de votre rêve ou une nouvelle aventure personnelle, sentimentale ou professionnelle, il est important de célébrer, d'observer l'étape à laquelle vous êtes parvenu.

Pendant cette Célébration, vous ferez donc le point sur votre équipement : est-il encore adapté pour sortir vainqueur de l'affrontement avec le prochain dragon ? Vous permet-il d'atteindre l'objet de votre quête ?

Vous allez peut-être vous rendre compte que votre sac à dos contient des choses qui ne vous seront plus d'aucune utilité sur votre nouveau chemin.

Vous y trouverez peut-être des projets inachevés qui occupent de l'espace mental, des ruptures sentimentales dont le deuil n'est pas complètement terminé (dans le cas d'une nouvelle rencontre), des relations qui polluent votre environnement, des attitudes ou états d'esprit que vous devriez modifier, etc.

Peut-être même comprendrez-vous qu'il vous manque des postures, des connaissances ou des outils pour poursuivre votre quête. On ne s'apprête pas à gravir une montagne avec un équipement de plongée sous-marine...

Toutes ces observations vous seront précieuses pour vérifier la cohérence du lien entre votre appel du cœur, votre élan vital et le chemin que vous avez entrepris hors de votre zone de confort. Vous comprendrez peut-être qu'avec votre équipement de plongée, ce n'est pas cette montagne, ce projet, cette relation, dans laquelle vous devriez vous engager.

Dans tous les cas, vous seul possédez la réponse à vos questions. Et si vous ne vous posez pas les bonnes questions, il vous sera difficile de leur apporter une réponse. Tout l'art réside dans le fait de poser les bonnes questions, qui naturellement apporteront les bonnes réponses.

Oser dire STOP

La Célébration s'avère également une étape très importante pour nous éviter de nous égarer trop longtemps sur une voie qui ne nous convient pas ou plus. Encore faut-il accepter les faits et oser les regarder en face.

Si nous acceptons de voir que nous nous sommes lancés dans un projet qui n'était pas le nôtre, nous pourrons changer de direction et diriger notre énergie, notre temps et notre attention vers des rêves qui résonnent en nous, qui nous donneront du courage pour affronter nos dragons.

Mais parfois, nous nous sommes engagés dans un projet qui ne nous convient plus vraiment, un rêve qui ne nous appartenait pas. Et par peur de bousculer l'ordre établi, nous n'osons plus remettre en question ce choix de départ. Sortir de sa zone de confort n'est alors pas au programme. Il peut être plus confortable pour soi et ses proches de maintenir une sorte de consensus, un inconfort qui protège les intérêts de chacun. Quitte à voir une personne s'étioler.

Aussi, je tiens à souligner que savoir dire STOP n'est pas synonyme d'un arrêt total. Savoir dire STOP dans l'étape de la Célébration, c'est chercher à recréer une connexion et un lien entre la situation présente et l'appel du cœur.

Pour certains, l'idée de remettre en question l'ordre établi peut créer un grand sentiment d'insécurité. C'est normal. Mais il pourrait alors être intéressant de considérer ce ressenti comme un dragon. Quel est son message ?

Votre plus grande arme pour affronter ce dragon sera la communication que vous saurez établir entre vous-même, votre rêve et votre environnement. Car bien souvent, votre rêve implique, d'une manière ou d'une autre, votre environnement. Vous découvrirez alors que si chacun y met de la bonne volonté, toute situation inconfortable peut trouver une solution adaptée. En faisant cela, vous pourrez même offrir à vos proches l'opportunité de se connecter à un rêve commun pour avancer ensemble sur le chemin de la vie.

Pour récapituler cette quatrième étape de la Célébration :

1) Prenez le temps, aussi souvent que nécessaire, de vous reconnecter à l'intention de départ qui vous a amené à oser sortir de votre zone de confort (R)
2) Exercez-vous à utiliser le concept M.E.R.C.I. jusqu'à ce qu'il fasse naturellement partie de votre vie (O)
3) Pensez à vérifier votre équipement et à l'adapter à l'aventure en cours (I)
4) Apprenez à dire STOP pour ne plus vous perdre (C)

Les écueils à éviter dans cette étape de la Célébration :

- Oublier de célébrer régulièrement, au risque de s'égarer ou de s'éloigner du rêve initial.
- Voir ce qui ne va pas et en rejeter la faute sur ses proches. Chacun est le seul responsable de ce qui lui arrive.
- Utiliser la célébration pour décider que l'on n'est plus relié au rêve de départ, alors que c'est simplement un dragon qui nous empêche d'aller plus loin.
- Rester bloqué à cette étape en contemplant ses propres réalisations, les dragons chevauchés, et ne pas entamer un nouveau cycle R.O.I.C.

6. En résumé

Les 4 étapes de la méthode R.O.I.C. permettent de se situer dans chaque moment de sa vie, de mettre en lumière les freins auxquels on est confronté et de percevoir le processus qui nous permettrait de voir nos rêves se réaliser.

Simple à comprendre, la mise en pratique de cette méthode au quotidien n'est pas évidente. Cependant, je crois profondément que cette structure permet de nous donner des repères, en nous aidant à nous positionner en observateur de notre propre vie.

Lorsque l'on comprend que l'équilibre se trouve dans la succession de ces 4 étapes, on peut s'efforcer de rythmer son quotidien sur ces temps énergétiques.

La méthode R.O.I.C. dans son intégralité permet d'entrevoir la possibilité de concilier ses besoins individuels et ceux de son environnement, alors que ces derniers peuvent parfois apparaître comme des freins.

Voici quelques schémas pour récapituler :

La méthode R.O.I.C. d'un point de vue personnel

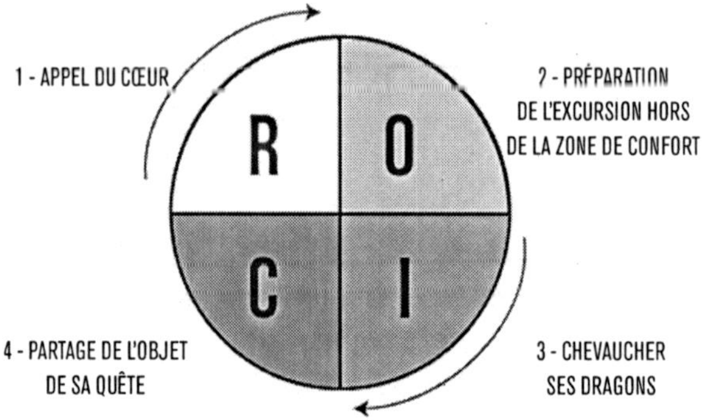

Les étapes qui nous confrontent à l'environnement

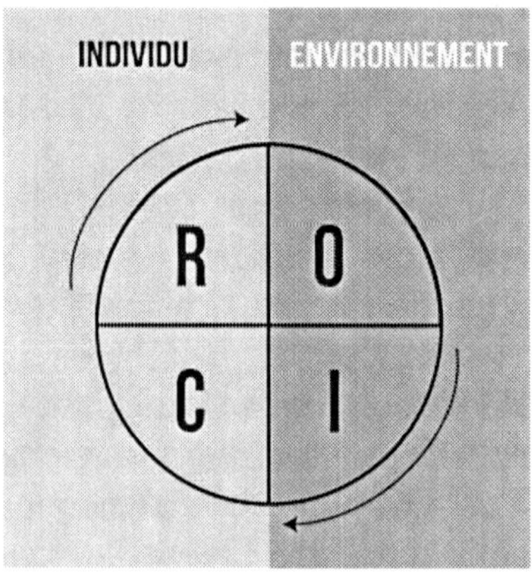

La zone de confort et la zone de mystère

CONCLUSION

Vous voici à la fin de ce livre et je tiens à vous célébrer. En décidant de le lire, vous avez osé examiner de plus près votre audace.

Vous vous êtes probablement dit à plusieurs reprises que vous pourriez devenir plus audacieux et audacieuse dans la vie, et vous avez raison.

Comme nous l'avons vu, toutes les solutions à nos problèmes sont en nous. Le mal-être que nous pouvons ressentir est bien souvent le signe d'un appel du cœur qui n'a pas été entendu. D'une quête de sens que l'on n'a pas encore su explorer en profondeur.

Sur cette belle planète, il y a de la place pour tous. Chaque être est doué d'une richesse intérieure que la vie l'invite à déployer. Chacun peut révéler la meilleure version de lui-même. Toutes les épreuves traversées, toutes les difficultés vécues nous indiquent une direction à prendre pour sortir de notre zone de confort et chevaucher de nouveaux dragons.

En faisant le choix de vous positionner différemment face à ce que vous traversez et en décidant d'adopter une attitude mentale positive et déterminée, vous ne tarderez pas à percevoir la richesse de ce qui se trouve à la fois à l'intérieur et à l'extérieur de vous.

En examinant votre histoire sous ce nouveau prisme, avec cette nouvelle posture audacieuse, vous allez découvrir les opportunités que la vie vous a proposées. Il ne s'agit pas de se morfondre ou de culpabiliser, mais au contraire de reprendre votre pouvoir. Pour vous préparer à accueillir les prochaines opportunités qui s'offriront à vous.

Percevez-vous plus précisément l'audace à laquelle je faisais référence au début de ce livre ? Cette audace qui vient du cœur, qui s'incarne lorsque vous sortez de votre zone de confort et qui vous permet de rayonner tout autour de vous ? Elle n'a rien d'extraordinaire, rien d'inaccessible. Elle attend juste que vous l'utilisiez comme une nouvelle attitude et que vous la mettiez en pratique pas à pas.

Vous avez désormais une responsabilité. Vous savez qu'il vous est possible de réaliser vos rêves les plus chers. Cela ne tient qu'à vous.

Le monde d'aujourd'hui, tant critiqué, n'est que le résultat d'une attitude mentale construite sur la peur de manquer et d'échouer. C'est parce qu'il est plus simple de rester dans l'inconfort, de se résoudre à baisser les bras face à ses dragons, que les rêves d'un monde meilleur ne se réalisent pas.

Nous vivons des jours uniques, nous n'avons jamais autant expérimenté l'interconnexion. Et pourtant, nous ne nous sommes jamais sentis aussi seuls et isolés.

Cette société a besoin d'hommes et de femmes comme vous pour redonner de l'espoir aux générations futures. Le changement ne devrait pas être attendu des politiques ou de ceux qui possèdent en apparence le pouvoir. Lorsque vous décidez de changer votre monde, votre condition et votre environnement, vous participez à changer le monde dans son ensemble.

Tout est possible pour celui qui ose y croire.

C'est en osant écouter l'appel de votre cœur et suivre votre élan vital que vous pourrez expérimenter la magie de la vie. Si vous êtes conscients de la présence en vous d'une étincelle de vie suffisamment puissante pour chevaucher vos dragons, alors vous pourrez expérimenter que tout est possible.

L'une des clés qui pourra vous amener à goûter au bonheur de la vie est de réussir à dompter votre mental et vos dragons, pour incarner dans ce monde vos pleins potentiels. L'appel de votre cœur peut vous mener sur ce chemin. Car c'est cet élan vital qui vous permettra de vivre la peur au quotidien et fera ainsi de vous une personne courageuse et audacieuse. En évoluant entre votre zone de confort et la zone de mystère, vous découvrirez vos plus belles richesses intérieures.

Aucun rêve ne se réalise sans avoir exigé du rêveur de faire apparaître en pleine lumière ses plus belles richesses.

Maintenant, vous savez que vous êtes le seul acteur de votre bonheur. Personne ne peut vous rendre plus heureux que vous-même. Très vite, vous découvrirez que ce bonheur, pour qu'il soit apprécié à sa juste valeur, demande à être partagé.

Vos possédez désormais une méthode simple et efficace que vous pouvez aisément utiliser dans votre quotidien : la méthode R.O.I.C.

Il ne me reste plus maintenant qu'à vous inciter à développer une attitude plus audacieuse dans votre vie de chaque jour pour débuter un nouveau cycle. Je sais d'expérience que cette posture renferme toutes les ressources pour que vous deveniez la meilleure version de vous-même.

Alors osons ensemble, et devenons des Audacieux !

Pour aller plus loin

Telle qu'elle a été pensée, la méthode R.O.I.C. peut être utilisée tant d'un point de vue individuel que collectif, et aussi bien dans un contexte personnel que professionnel.

Dans le cadre d'un projet collectif, la méthode R.O.I.C. regroupe un ensemble de méthodes et de processus adaptés au travail de groupe pour l'aider à développer l'audace et l'alignement des individus qui le composent.

Les conflits interpersonnels inhérents à toute dynamique collective deviennent alors des opportunités pour redonner à chaque individu sa juste place au sein du projet.

Les écueils techniques se transforment en épreuves à traverser pour faire émerger de nouvelles potentialités grâce à des outils et méthodes adaptés.

Les enjeux sociétaux, environnementaux et économiques ne sont plus vus comme des freins, mais comme des sources de motivation pour trouver de nouvelles réponses. Ils offrent ainsi à chacun de nouvelles opportunités pour devenir acteur de sa propre vie.

L'expérience de chacun devient alors un trésor pour tous les autres.

Voici l'exemple du parallèle de la méthode R.O.I.C. appliquée à la vie d'un projet collectif, professionnel ou associatif :

– la phase de l'inspiration, la clarification d'une vision, des buts et objectifs (étape du Rêve) ;

– la phase de la planification, de la stratégie et de l'organisation (étape de l'Organisation) ;

– la phase de l'action, où l'on met en place la stratégie en lien avec la vision de départ (étape de l'Implémentation) ;

– la phase de bilan pour améliorer le projet (étape de la Célébration).

Célébration

Ce livre est la preuve que tout est possible dans la vie, pour celui qui ose le croire.

Tout devient possible lorsque l'on réussit à bien s'entourer.

Je tiens à célébrer tous les précieux acteurs de cette réalisation.

Tout d'abord, ma compagne, Carol, qui a apporté une grande contribution à l'écriture de ce livre. Elle est la personne qui m'inspire le plus, tant par sa qualité d'être que par ce qu'elle apporte dans ce monde.

Ensuite, Frédérique, qui a osé me proposer d'écrire un livre après un atelier des Audacieux. Sa confiance et son soutien dès le début ont été l'élément déclencheur de ce rêve devenu réalité.

Renaud Delourme, mon éditeur, qui m'a fait confiance depuis le début pour cette nouvelle aventure. Ses précieux conseils m'ont beaucoup apporté et résonneront en moi encore longtemps.

Pauline, qui a su me donner confiance tout au long de cette aventure et apporter son regard et ses qualités littéraires pour la concrétisation de ce livre.

Et pour terminer, j'aimerais célébrer toutes les personnes qui ont fait ce que je suis maintenant, et qui m'ont permis, souvent à leur insu, de croire que tout est possible dans la vie. Mes parents, mon frère et ma sœur qui ont toujours cru en moi, Mickaël qui a su me mettre sur la voie héroïque, Chantal Remion, Caroline Herbinger et Ahmet Tamtekin qui m'accompagnent dans le déploiement de mon plein potentiel. Et tous les Audacieux qui ont su écouter leur appel du cœur et osé me suivre dans cette épopée qui ne fait que commencer.

Et pour terminer, merci à vous, lecteur, de faire le choix de suivre vos aspirations profondes en écoutant l'appel de votre cœur.

Plus que jamais, nous avons besoin d'hommes et de femmes qui décident de se mettre en chemin pour révéler leur audace et leurs richesses intérieures afin de construire un nouveau monde pour les générations futures.

APPLICATION TOPLA

Entamez dès à présent le chemin de l'audace et atteignez vos premiers objectifs !

Pour vous y aider, j'ai créé une application web à laquelle vous, lecteurs d'*Osez l'audace !*, aurez un accès privilégié.

Cette application Topla vous permet d'entrer en relation avec un autre lecteur de ce livre afin de vous entraider à fouler le chemin de l'audace et à contacter le meilleur de vous-même.

Pour en savoir plus et vous lancer dans votre premier Topla, rendez-vous sur le site **www.osez-laudace.fr**.

Pas à pas, je vous aiderai à définir votre premier Topla et à le réaliser grâce au soutien actif d'un lecteur que vous aiderez en retour à atteindre ses objectifs.

Vous y trouverez également :

- de nombreux conseils et sources d'inspiration ;
- des invitations à participer aux Séminaires d'Aurélien.

Et plus encore…

En savoir plus sur Aurélien Essertel et Les Audacieux

Le projet des Audacieux est initié par Aurélien Essertel au début de l'année 2016. Dès le lancement, Aurélien rencontre un vif succès grâce aux réponses concrètes qu'il apporte aux freins et blocages des personnes qui viennent à sa rencontre et souhaitent être plus épanouies tout en participant à des projets qui ont du sens.

Aurélien commence à fédérer de nombreuses personnes dans le cadre de conférences, d'ateliers, de week-ends aventure et de formations, des moments inspirants, dynamiques et innovants grâce à la méthode R.O.I.C.

À la demande de ces premiers audacieux, Aurélien va plus loin, et lance, en mars 2016, la première Académie de l'Audace. Les membres de cette Académie, située à Bordeaux, suivent un programme d'accompagnement à la création de projets éthiques et économiquement viables qui leur permettent de sortir de leur zone de confort en développant une posture audacieuse, tout en apportant des réponses aux enjeux de notre société.

Aujourd'hui, de nouveaux groupes audacieux se développent en France mais aussi à l'étranger, notamment au Canada.

Les Audacieux ont pour ambition de créer des groupes locaux dans toute la francophonie, afin de fédérer des hommes et des femmes de cœur qui décident d'entreprendre le chemin de leur réussite, autour de ces trois piliers : s'inspirer, s'entourer et passer à l'action.

Vous souhaitez en savoir plus ? Participer à un groupe local des Audacieux, ou en initier un près de chez vous ? Alors retrouvez-nous sur le site **www.lesaudacieux.fr**.

Retrouvez Aurélien et accédez à ses nombreux conseils pour vous aider à développer une posture plus audacieuse dans votre quotidien : **www.aurelienessertel.com**.

Table des matières

DEUXIÈME PARTIE
OSEZ... changer de perspective pour emprunter le chemin audacieux de votre vie

TROISIÈME PARTIE
OSEZ... être audacieux en passant à l'action ! La méthode R.O.I.C. (Héroïque)

Composition et mise en pages : FACOMPO, LISIEUX

N° d'imprimeur : 121656655
Dépôt légal : janvier 2017
Imprimé en France par Présence Graphique